提炼数据内涵，
回归数学精髓，
提升教学质量。

张景中 2019年10月

丛书主编　方海光

中小学教育大数据分析师系列培训教材

数据驱动的智慧教育

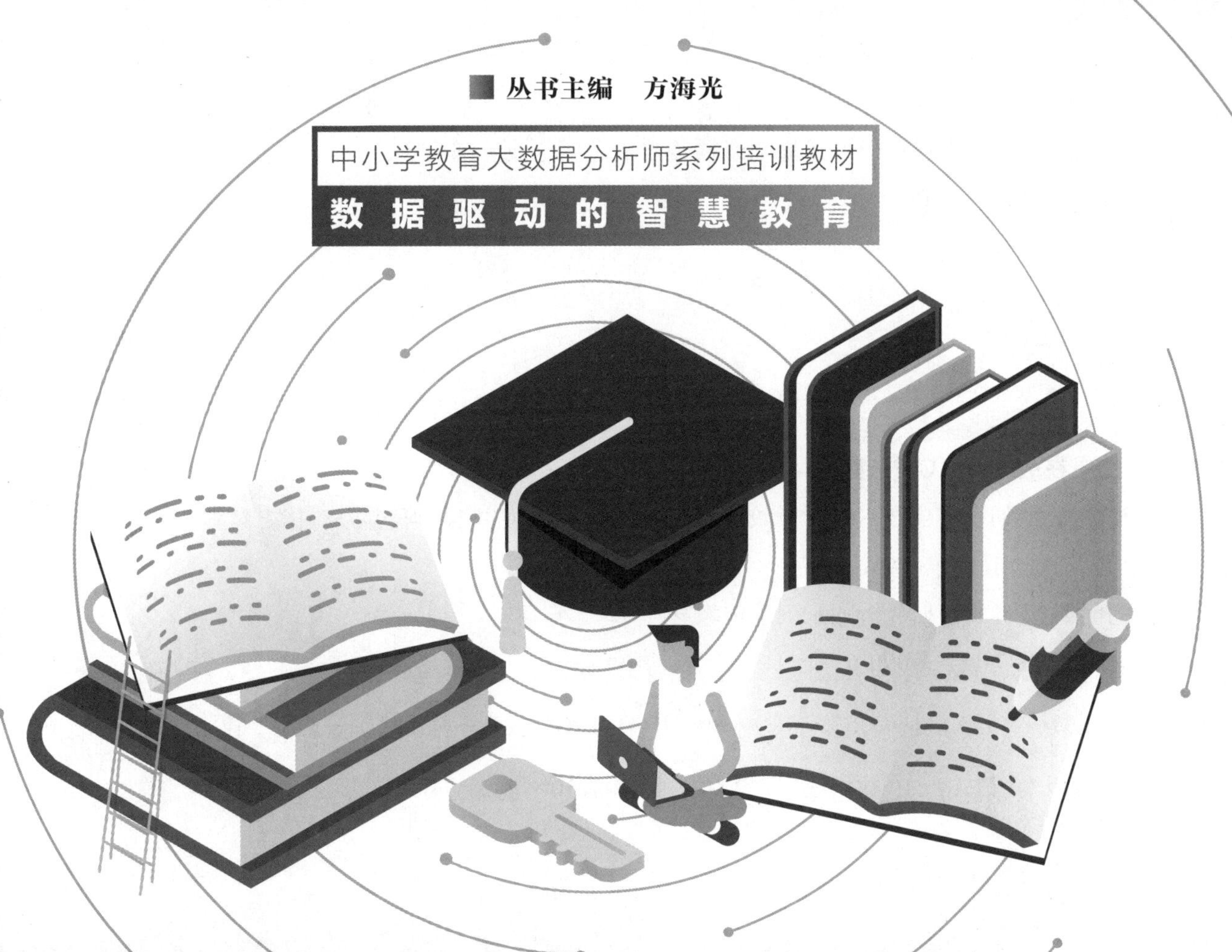

数据驱动的智慧学校

教研员数据能力及素养

马涛 | 主编　　陈雪梅　林志奕 | 编

電子工業出版社
Publishing House of Electronics Industry
北京·BEIJING

图书在版编目（CIP）数据

数据驱动的智慧学校．教研员数据能力及素养 / 马涛主编；陈雪梅，林志奕编．—北京：电子工业出版社，2020.6

中小学教育大数据分析师系列培训教材

ISBN 978-7-121-39090-6

Ⅰ.①数… Ⅱ.①马… ②陈… ③林… Ⅲ.①中小学教育—师资培训—教材 Ⅳ.① G635.12

中国版本图书馆 CIP 数据核字（2020）第 103150 号

责任编辑：张贵芹　文字编辑：仝赛赛　邓　峰
印　　刷：涿州市京南印刷厂
装　　订：涿州市京南印刷厂
出版发行：电子工业出版社
　　　　　北京市海淀区万寿路 173 信箱　　邮编 100036
开　　本：787×1092　1/16　印张：27.25　字数：566.8 千字
版　　次：2020 年 6 月第 1 版
印　　次：2020 年 6 月第 1 次印刷
定　　价：140.00 元（全 4 册）

凡所购买电子工业出版社图书有缺损问题，请向购买书店调换。若书店售缺，请与本社发行部联系，联系及邮购电话：（010）88254888，88258888。

质量投诉请发邮件至 zlts@phei.com.cn，盗版侵权举报请发邮件至 dbqq@phei.com.cn。

本书咨询联系方式：（010）88254510，tongss@phei.com.cn。

丛 书 主 编：方海光

本 书 主 编：马　涛

本书编写者：陈雪梅　林志奕

指导专家委员会

指导专家委员会成员：

黄荣怀	北京师范大学	荆永君	沈阳师范大学
李建聪	教育部教育管理信息中心	赵慧勤	大同大学
王珠珠	中央电化教育馆	杨俊锋	杭州师范大学
李　龙	内蒙古师范大学	李　童	北京工业大学
王　素	中国教育科学研究院	纪　方	北京教育学院
余胜泉	北京师范大学	郭君红	北京教育学院
刘三女牙	华中师范大学	徐　峰	江西省教育管理信息中心
顾小清	华东师范大学	高淑印	天津市中小学教育教学研究室
尚俊杰	北京大学	陈　平	南京市电化教育馆
魏顺平	国家开放大学	黄　艳	沈阳市教育科学研究院
曹培杰	中国教育科学研究院	罗清红	成都市教育科学研究院
胡小勇	华南师范大学	杨　楠	北京教育科学研究院
李　艳	浙江大学	李万峰	北京市通州区教师研修中心
张文兰	陕西师范大学	马　涛	北京市海淀区教育科学研究院
蔡　春	首都师范大学	石群雄	北京教育学院丰台分院
方海光	首都师范大学	卢冬梅	天津市和平区教育信息中心
张　鸽	首都师范大学	陕昌群	成都市教育科学研究院
鲍建樟	北京师范大学	李俊杰	北京教育学院丰台分院
陈　梅	内蒙古师范大学	管　杰	北京市第十八中学
梁林梅	河南大学	顾国齐	OKAY智慧教育研究院
杨现民	江苏师范大学	楚云海	伴学互联网教育大数据研究院
肖广德	河北大学		

序　一

近年来，大数据、人工智能等技术在教育管理变革、学习模式变革、教育评价体系变革、教育科学研究变革等方面的作用日益凸显。国家高度重视教育大数据的发展，鼓励教师主动适应信息化时代变革。2018 年 1 月，《中共中央国务院关于全面深化新时代教师队伍建设改革的意见》明确提出，“教师要主动适应信息化、人工智能等新技术变革，积极有效开展教育教学”。2018 年 4 月，教育部印发《教育信息化 2.0 行动计划》，指出要深化教育大数据应用，大力提升教师信息素养。2018 年 8 月，教育部办公厅印发通知，启动人工智能助推教师队伍建设行动试点，将探索应用大数据支持教师工作决策、优化教师管理作为重要试点内容。2019 年 3 月，教育部印发《关于实施全国中小学教师信息技术应用能力提升工程 2.0 的意见》，强调大数据、人工智能等新技术的变革对教师信息素养提出了新要求，教师需要主动适应新技术变革。

当前，随着新技术的不断涌现与发展，很多原有的教育理论都迸发出了新的火花，大数据、人工智能等技术与教育的深度融合，将促进我们加快发展伴随每个人一生的教育、平等面向每个人的教育、适合每个人的教育、更加开放灵活的教育。教育大数据可以让教师读懂学生，让教育教学更加智慧，让教育研究更加科学。教育大数据可以让管理者读懂学校，由“经验式”决策变为“数据辅助式”决策，推动教育、教学、教研、管理、评价等领域的创新发展。

我认识方海光教授好多年了，启动丛书的策划工作时，海光还提出，希望请重量级人物来担纲主编，但我不这么认为。我觉得像他这样的中青年学者已经成长为学科发展的一线主力，理应主动承担起更大的责任。这套丛书的出版确实也让我有眼前一亮的感觉。丛书内容丰富、形式新颖，根据学校的不同角色分成了五个系列：数据思维系列、数据驱动的技术基础系列、数据驱动的智慧学校系列、数据驱动的智慧课堂系列和数据驱动的教育研究系列。丛书符合中小学教师信息技术应用能力提升工程 2.0 的要求，相信将在各级单位信息化领导力培训、信息化教学创新培训、数据能力素养培训等工作中发挥重要作用，能够为教育管理者的数据智能决策提供帮助，为教师教育的研究者提供参考，更值得广大的学校管理者、教师阅读和学习。

希望这套丛书的出版能够促使教育大数据更好地助推教育教学改革和培训教研改革，引领中小学教育的整体变革，进而推动教育的跨越式发展。

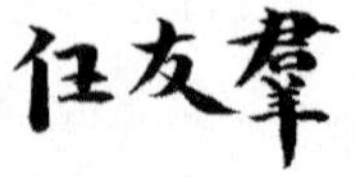

华东师范大学教授　任友群

序　二

国家教育现代化和智慧教育示范区的建设都强调了教育大数据的应用方向，教育大数据中心建设和区域数据互联互通成为当前教育信息化的发展重点。

从我国教育信息化的发展趋势来看，基础环境和资源建设与应用快速推进，师生信息化应用能力和水平显著提升。信息化不断发展带来知识获取方式和传授方式、教与学关系的革命性变化，很多学校面临知识的体系化建设阶段。在大数据和人工智能的环境下，我们面临很多新的问题：如何建设学校的知识体系？如何指导学生的学习过程？学习过程的数字化带来了更多的大数据，人工智能的数据处理引擎带来了更复杂、更精准的应用场景，更自然、更贴近人们日常生活的人机交互带来更直观的体验。各种教育大数据和人工智能应用层出不穷，学校的选择空间很大，但是在此之前，我们必须对学校的定位和自身需求有一个明确的认识：学校为什么需要教育大数据？教育大数据能帮学校做什么？学校是否需要转变应用数据的思维方式？

实际上，教育大数据并不神秘，它一直伴随着数字校园、智慧教室学习环境的建设、学习空间的应用、在线教育的发展等。教育大数据具体可以应用于精准教学、学情分析、精准管理、科学决策、学生生涯成长过程记录、学校数据统一优化。未来学校和智慧教育示范区的建设离不开教育大数据，教育大数据的应用也离不开管理者和师生对它的认识和理解，这些都是产生信息化价值的重要基础。

为了服务新时代大数据、人工智能等技术带来的教育变革需求，促进广大教育工作者深入理解和学习有关教育大数据应用的价值和知识，这套丛书应运而生。这套丛书内容全面、新颖，案例丰富且适合实践，可供关注教育大数据和教师培训的研究者和实践者使用，更值得关注未来学校发展和教师队伍建设的学校使用，也期待丛书能根据使用情况和技术的发展，愈加完善。

北京师范大学教授　黄荣怀

序　三

以人工智能为代表的新一代信息技术对教育的发展具有重要影响，国家高度重视智慧教育的发展，希望加快人工智能在教育领域的创新应用。利用智能技术支撑人才培养模式的创新、教学方法的改革、教育治理能力的提升，构建智能化、网络化、个性化、终身化的教育体系，是推进教育均衡发展、促进教育公平、提高教育质量的重要手段，这也是实现我国教育现代化的重要动力和有力支撑手段。

对于学校，数据将会成为学校最重要的资产，这是教育大数据生态的基石。学校将是一个教育大数据中心，能够实现多层面数据价值的共享。对于课堂，数据的核心价值是形成闭环，并通过这种闭环迭代，使学生的学习效果越来越接近预期目标。如何迎接新时代教育大数据的挑战是学校面临的问题，本套丛书旨在帮助学校应用教育大数据，探索基于数据的思维转变过程，掌握应用教育大数据进行教育创新的方法。

本套丛书采用了新颖的内容组织形式，各册均采用扁平化组织，只有章的结构，没有节的结构。各章的结构要素包括知识检查点、能力里程碑、核心问题、问题串、活动。其中，知识检查点是知识检查的基本单元，能力里程碑是任务完成的标志性能力。各章通过核心问题引发学习者思考，以系列问题串组织内容，引导学习者通过评估性问题和反思性活动进行探究，实现知识学习和能力提升的演化过程。活动包括自主活动、小组活动和评价活动。在自主活动中，学习者首先对本章内容进行反思，反思在平时的教育实践中是否出现过类似的问题或现象等，然后写个人心得，结合本章内容阐述在以后的教学实践中可以有怎样的举措。在小组活动中，集体讨论本章所学内容，然后各抒己见，思考如何改善教学质量，属于小组层面的交流。评价活动用于评价和检测，不仅适用于参加教师培训的教师、教育管理者，还适用于不参加培训的广大学习者。这三个活动的设置符合研修的典型特征，每个活动都有一个聚焦的主题，不限定具体的活动内容，有利于组织者安排工作，根据实际的需要展开活动，也适合学习者的自主学习、反思。

本套丛书分为五个系列，它们分别是：数据思维系列（全 1 册）、数据驱动的技术基础系列（全 4 册）、数据驱动的智慧学校系列（全 4 册）、数据驱动的智慧课堂系列

（全 4 册）、数据驱动的教育研究系列（全 4 册），共计 17 册。本套丛书的任何一册都可以单独组成 8 ～ 12 学时的培训课程，又可以以系列教材为主题组成培训主题单元模块。本套丛书既适用于国家层面、各省、各市、各区县级、各级各类学校进行有组织的教师教育和培训活动，又支持一线教师、教研员、管理者、研究者及教育服务人员的自主学习，还适合大学、研究生及高校教师进行参考和学习。本套丛书难免存在各种问题和不足，恳请各位同仁不吝赐教！

方海光

首都师范大学

前言

教研员是中国基础教育中一个特殊的行业，在一线教师、教育行政管理部门、国家课程及教材、高校教育研究中起到了重要的桥梁作用。教研员依靠自己的经验和学识，在一线教师中推行和贯彻国家课程精神，引入和实践新的教育理念方法，诊断教师的教学，促进教师的成长。在教研员群体数量不足而无法全面关注每位一线教师时，大数据分析系统可以配合教研员的工作，帮助教研员做到精准关注每位教师工作的各个维度，发现其优势与不足，并提出针对教师个体成长的支持策略。

本书从教研员的工作场景出发，列出教师全面发展的各个方面，并勾画出各方面的逻辑关系，同时提出教研员工作场景中教师的诊断数据量化。通过数据针对教师个体进行大数据分析，形成对教师教学能力、学科知识掌握、教育科研能力、校本课程实施等方面的教师诊断和教研指导。教学能力的量化和大数据分析包括教学设计、课堂教学实施情况、教学评价和反思、教学展示等多个方面；学科知识掌握的大数据分析包括学科知识图谱、学科知识教学测量等方面；教育科研能力的大数据分析包括教学改进内容、教育科研方法、教育科研成果评估、教学改进的效果等方面；校本课程实施的大数据分析包括国家三级课程体系中的校本课程地位、课程评价方法、课程评价数据与分析等方面。通过数据分析精准诊断教师在学校教学工作中的整体状况，起到了专家系统的作用。

由于教育教学工作中要注重人本因素，要正确看待信息化系统中人性因素的不足，所以要以人工干预的方式发挥教研员的个体力量，借助意识方面和批判性思维方面的思想方法，补充信息系统中数据采集和分析的人本不足问题，从而实现对“人”的提升。

随着教育的发展、教学理念的改变、信息技术的飞跃，教研场景也将随着时代的发展而进步。数字化教研环境、数字化测评方式、大数据分析和人工智能的应用，都将促成教研场景的重构，实现精准教研，关注每一位教师的成长。

参加本书编写的北京市海淀教师进修学校陈雪梅、北京市西城区教育研修学院林志奕，均有多年的教研员工作经验和教育信息化工作经验。在此向二位多年好友为此书所做的努力表示感谢！

希望本书能够为广大教研员开拓思路，为更多的一线教师提供有针对性的支持。

马涛

北京市海淀区教育科学研究院

目 录

第一章　教研员工作场景的智慧化与教研数据量化

本章学习目标

在本章的学习中，要努力达到如下目标：

◆ 了解教研员的工作场景（知识检查点 1-1）。

◆ 了解教研员的工作职责和工作目标（知识检查点 1-2）。

◆ 了解教研员工作流程中的智慧化（知识检查点 1-3）。

◆ 掌握教研员工作场景的数据量化与评价方法（能力里程碑 1-1）。

本章核心问题

教研工作是如何促进区域教学的？教研工作的智慧化表现在哪些方面？如何实现教研工作场景的数据量化？

本章内容结构

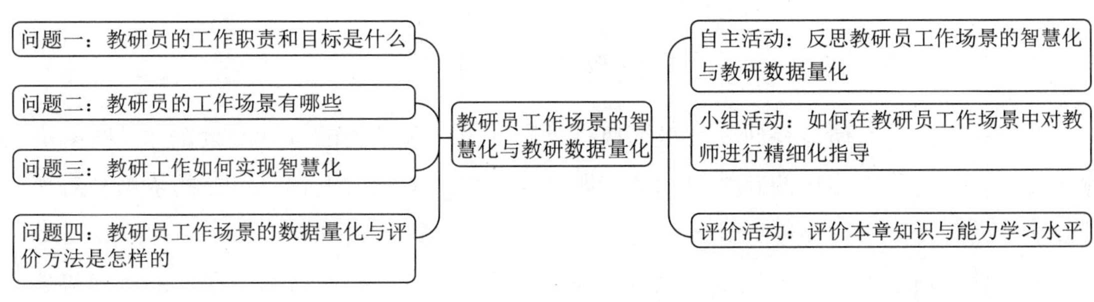

引　言

教研员作为学科教学的中坚骨干分子，指导任课教师教学，是学科教研的带头人，是将课程目标落实到课堂教学中的关键人物。教研员及教研工作是中国教育的特色形态，教研活动则呈现了学术活动和行政管理的双重意义，实现了对一线教师的指导、管理、组织等工作。

《教育部教师工作司2019年工作要点》指出，要“加强教师教育体系建设”“不断深化教师教育改革”“大力推动教师专业发展”，要求一线教师通过培训、研修，实现全面发展，提升学科教学和教书育人的能力。

教育部《全国中小学教师信息技术应用能力提升工程2.0》对教师教育教学能力发展中的信息技术能力提出了新的要求，从国家“互联网+”、大数据、人工智能等重大战略层面出发，推动教师主动适应教育的新技术变革，积极、有效地开展教育教学，进一步提升教学水平。

基于上述背景，将教研员与教师的全面发展关联起来，以教研员为引领核心，以信息化手段为辅助，以教研活动为途径，实现区域教师队伍成长和区域学生能力的显著提升。

问题一：教研员的工作职责和目标是什么？

一、教研员的工作职责

教研员不同于一线教师、教育管理者和教育培训者，教研员的工作具有综合性，从多个维度渗透一线教学。教研员的工作职责主要包括以下几点，如图1–1所示。

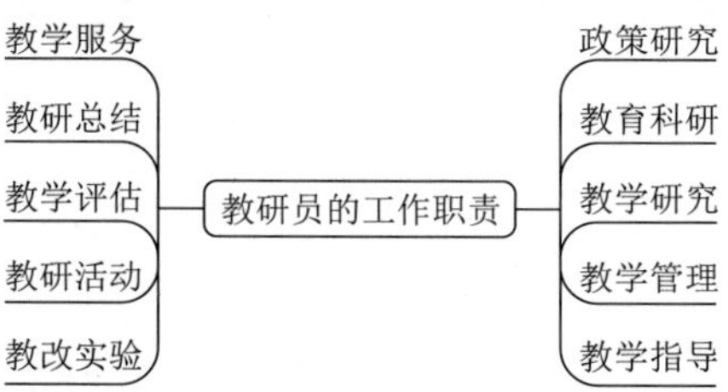

图1–1 教研员的工作职责

1. 政策研究。教研员要研究并贯彻执行党和国家有关教育的方针政策，并及时解决教育决策在实施过程中出现的新情况和新问题，为教育决策的调整提供可靠的依据。对那些成效显著的教育决策，要进行分析和论证，提炼教育决策实施过程中蕴含的理论或模式。

2. 教育科研。教研员要根据教育改革和发展的实际，跟踪教育科学研究的最新成果及发展趋势，运用科学的方法进行以课题研究为主要形式的教育科研，并对所属部门及学校教师的教育科研课题和教改实验进行科学、有效的指导，真正落实“科研兴教”的战略决策。

3. 教学研究。教学研究是教研员的主要工作职责。教研员要认真学习现代教育教学理论，不断拓宽教学研究视野，丰富研究内容，努力提高教研水平和能力，使自己成为学者型、研究型的教研工作者；要从全面提高教学质量和教师的教学水平出发，组织广大教师开展教学研究，促进教师专业发展，为所属区域造就一支适应新时代教育改革和发展需要的高素质教师队伍。

4. 教学管理。教研员要根据党和国家的教育方针政策和法律法规，监督中小学对国家课程计划、课程标准的执行情况，对学科教学的全过程进行有效的指导和管理，对学科教学质量、考试检测的内容和方式进行研究、监控和指导。

5. 教学指导。教研员要经常性地深入学校、深入教师、深入课堂，进行细致的调查、研究，了解教学现状，调查教改实际，并通过总结经验，发现问题，寻求改革和发展的对策，提高教研工作的针对性和教学指导的实效性。在教学指导过程中，教研员要亲自给教师作教学辅导报告，必要时给教师上示范课，帮助教师提高教学水平。

6. 教改实验。教研员要当好教学改革的排头兵，要勇于承担教改实验任务，积极参与教改实验研究，结合实际情况制订实验方案，培训实验教师，指导实验教学，保证实验研究的顺利进行，并做好教改实验的调控、总结和评估工作。

7. 教研活动。教研员要从教学实际出发，有针对性地开展经常性的校本教研活动，通过形式多样、内容丰富的教研活动，不断深化课堂教学改革，转变教师的教学观念和教学方式，提高教师的整体素质和课堂教学质量。

8. 教学评估。教研员要根据国家课程计划和课程标准及相关的教学管理文件，坚持目标多元、方式多样、注重过程的评价原则，推行学生学业成绩与成长记录相结合的综合评价方式，对学校的教学质量进行客观的评估。

9. 教研总结。教研员要经常性地进行教研反思，不断总结教研经验，探索教研规律，撰写教研论文，指导教学实践，并以多种形式推广先进的教育教学经验，促进教学质量的全面提高。

10. 教学服务。教研工作的宗旨在于服务，教研员在实际工作中要牢固树立服务意识，为教师的教学服务，为学生的学习服务，为教育行政者的管理和决策服务，为家长和社会服务。

二、教研员的工作目标

教研员在工作中主要面对的是一线教师，一线教师教学能力的提升将直接促进学生的学习效果，所以教研员的工作目标指向一线教师教学能力的提升。

教师教学能力由以下几点构成，如图 1-2 所示。教研员会针对一线教师进行听课、谈话，发现教师的优势和不足，通过培训和个别化指导，促进教师全面发展。

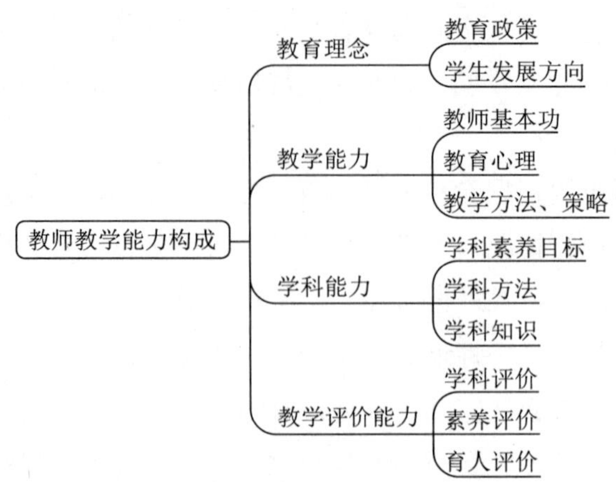

图 1–2 教师教学能力构成

问题二：教研员的工作场景有哪些？

教研活动是教研员发挥作用的主要形式，在以人为本的教育工作中，教研活动的内容和形式往往是多样化的，教研员的工作场景也大有不同。

一、群体化教研活动场景

由于教研员是工作于区域层面、服务于辖区内多所学校的，所以教研活动中会存在区域内教师集中培训、研修的群体化场景，群体化教研活动场景包括专题讲座、专题实操培训、交流观摩活动，具体内容如图 1–3 所示。

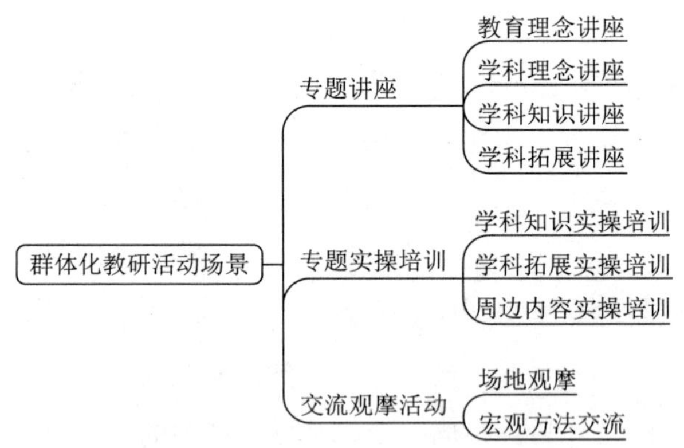

图 1–3 群体化教研活动场景

1. 专题讲座

专题讲座主要包括教育理念讲座、学科理念讲座、学科知识讲座、学科拓展讲座。

（1）教育理念讲座。以专家做讲座的方式呈现新的教育理念、育人方向等，具体包括意识形态、核心素养、教育心理、教学方法等方面的讲座，从宏观上引导教师以更高的站位设计课堂教学。

（2）学科理念讲座。针对学科发展理论、学科核心素养的评价机制等开展讲座，引导教师在教学中渗透学科理念。

（3）学科知识讲座。开展将课程标准与学科知识相结合的讲座，使教师正确认识学科知识，了解学科知识之间的逻辑关系，把握课堂教学中的学科知识关键点等内容，保证课堂教学中学科知识的科学性。

（4）学科拓展讲座。将本学科的前沿内容、新的研究方向、学术成果、应用案例介绍给教师，提升教师对教学内容时代感的认识，将学科知识与社会前沿技术相结合，也为开设更多的选修课作铺垫。

2. 专题实操培训

专题实操培训主要包括学科知识实操培训、学科拓展实操培训、周边内容实操培训。

（1）学科知识实操培训。以实际操作的方式，进行课程标准和学科知识的深入学习、研究，借助相关设施、设备，引导教师关注实操中的细节，从而增强教师的研究意识和课堂设计意识。

（2）学科拓展实操培训。以实际操作的方式，学习学科新的发展方向、新的应用案例等拓展内容。一方面用于提升教师对自身学科知识的认识，另一方面可以将实操成果引入课堂，作为教学资源加以利用。

（3）周边内容实操培训。以实际操作的方式，将辅助学科教学的教育技术内容、研究性学习内容、综合实践内容等引入教师的视野，让教师在实际操作中思考其应用方式，从而间接提升学生的认知视野，如教师信息技术能力提升培训、教师STEAM课程实操培训等。

3. 交流观摩活动

交流观摩活动主要包括场地观摩和宏观方法交流。

（1）场地观摩。组织教师到具备先进设施、实施过先进案例的场地进行学习和交流，扩展教师的视野，为教师今后的工作打基础，如先进的学校创客实验室、先进的教学实施实验室等。

（2）宏观方法交流。组织教师到具有先进方法、先进管理理念、先进应用模式的场地进行学习和交流，通过宏观方法的提炼和消化，形成适合自身的方法，以提升自身的教学能力和教学效率，如开设优秀校本选修课程的学校、开展优秀综合实践活动的学校、优秀STEAM 课程的实践活动基地等。

在群体化教研活动场景中，教研员既可以是授课的主讲教师，又可以是活动的设计者和组织者，通过教研员的桥梁作用，将社会的优质教育资源与一线教师的需求进行对接，实现有方向、有目标的群体性教师能力提升。

二、个体化教研活动场景

在群体化教研活动场景中，教师作为独立的个体，必然有个性化差异，体现在教师能力发展方面的不均衡。个体化教研活动场景针对部分群体或个体教师开展，通过诊断发现教师的优势与不足，借助诊断数据，帮助教研员对不同的教师个体实施不同的指导。个体化教研活动场景主要包括听课、座谈、教育科研项目，具体内容如图 1–4 所示。

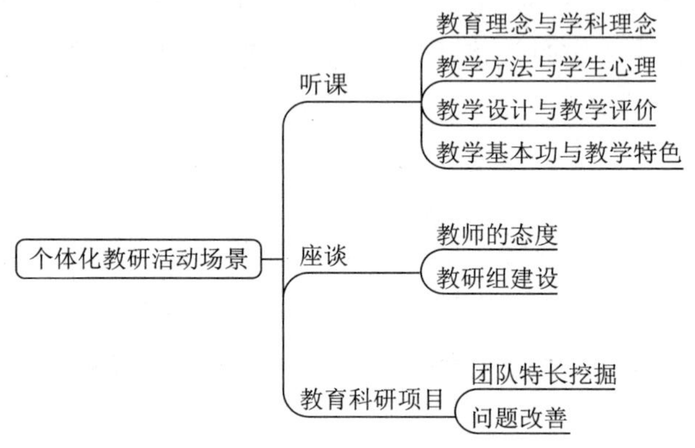

图 1–4　个体化教研活动场景

1. 听课

听课内容主要包括了解教师的教育理念与学科理念、教学方法与学生心理、教学设计与教学评价、教学基本功与教学特色。

（1）教育理念与学科理念。教师对教育理念与学科理念的认识会渗透在课堂教学中，通过听课对教师的教育理念与学科理念进行诊断，并结合教师自身的特点，帮助教师改进教学设计，实现教师在理念方面的提升。

（2）教学方法与学生心理。通过课堂教学的现场情况诊断教师对学生的了解程度，以及教学方法、教学活动设计的合理性，结合对具体课堂情况的诊断，实现对教师的针对性指导，以保障学生的学习效果。

（3）教学设计与教学评价。在听课过程中，对教学设计的各个环节、具体实施细节、教学评价的目标指向进行诊断，从细节中打磨教师的课堂设计和实施能力，通过评价的目标指向促进学科核心素养的达成。

（4）教学基本功与教学特色。教师在课堂中的语言、教态均有教师自身的特点，通过听课，发现教师的教学特色，找到教师在教学基本功方面存在的问题，并对教师进行个性化的指导，实现教师教学能力的整体提升。

2. 座谈

座谈主要包括了解教师的态度和教研组建设。

（1）教师态度。通过座谈，教研员可以了解教师的心理、工作态度、工作热情等，并结合相应的思想工作引导教师正向发展。

（2）教研组建设。通过教研员与学校、学区、集团校的教研组、备课组的座谈交流，引导学校教研组、备课组团队加强协作，寻找群体性的发展方向，引领教研组、备课组团队共同发展。

3. 教育科研项目

（1）团队特长挖掘。通过教研员主导的科研项目或实验项目，引入学校、学区、集团校的教研组、备课组的群体教师参与，教研员可以发现一线教师团队的工作优势与问题，帮助团队发挥积极作用，找到团队特长发展方向，实现团队能力的提升。

（2）问题改善。随着教育的发展与教育改革的推进，在教学中会不断发现新问题，这时需要教研员带领一线教师团队参与研究实践，推动一线教师思考问题、解决问题，提炼解决方法，形成研究意识，最终实现问题的改善与解决。

在个体化教研活动场景中，教研员的工作目标指向个人或小范围群体，使一线教师在教研员个体的引领下，实现优势发展、问题改善、特色树立，最终得到教学能力的提升。

问题三：教研工作如何实现智慧化？

教研员之所以能够指导教师成长，在一定程度上源于教研员的经验。在信息化系统中，通过大数据分析，将教研员的经验转化为系统模型，可以实现一定的智慧化效果，从而使更多的一线教师得到优秀教研员的经验指导。在智慧教育系统中，以大数据为基础的个体辅助，也是实现教育公平的一个方面。

一、智慧教育中的相关因素

在智慧教育中，为了呈现信息系统对教师或学生个体的关注，要将用户个体、资源、环境等内容进行关联。北京师范大学黄荣怀在《智慧教室的概念及特征》中提出的智慧教室 SMART 概念模型，将内容呈现、环境管理、资源获取、即时互动、情景感知建立了相应的逻辑关系，如图 1–5 所示。

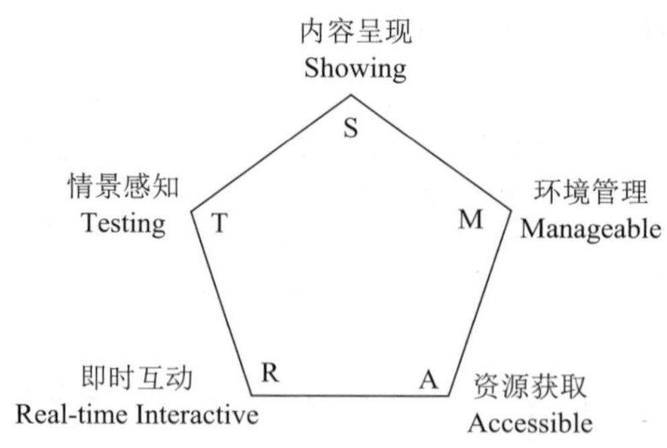

图 1–5　智慧教室 SMART 概念模型

教研员与教师之间应具有基于人与人交往的智慧，并非教研员单向的技能传授，教研员要随时了解教师的个人情况、个人情感、周边环境等信息，并通过不断的互动达成进一步的认知。教研员与教师通过信息化系统进行沟通时，可以借助 SMART 模型设定沟通的内容、环境，并通过情景感知加强对教师的了解，实现即时、有效的互动，实现资源的有效供给。

首都师范大学方海光在《教育大数据与学校智慧学习环境建设》中列出了智慧学习框架，提出了学习资源、教学逻辑、学习体验、学习反馈等方面的效果描述，如图 1–6 所示。

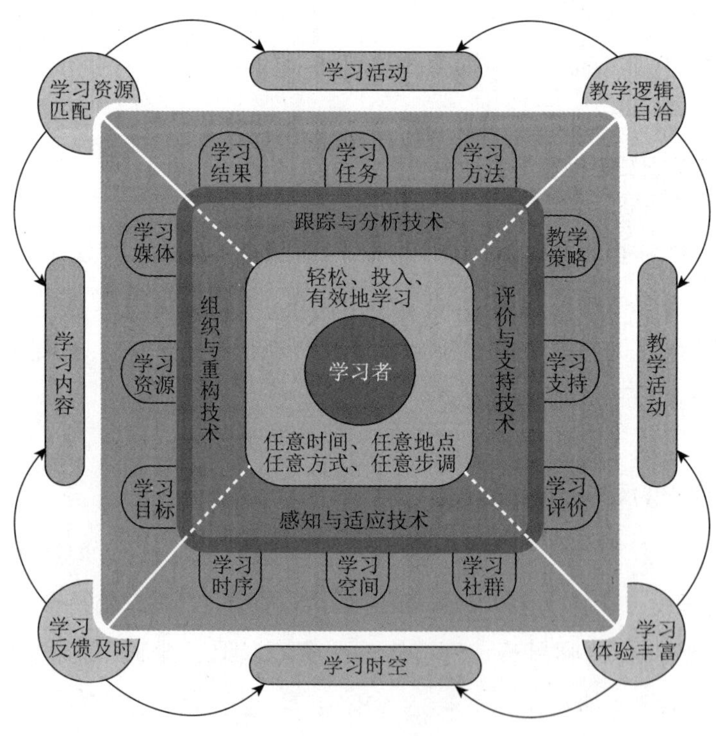

图 1–6　智慧学习框架

各种概念模型在适配教研员工作与教师发展中，均以感知诊断、指导及资源供给、教师多场景实践、教师反馈等形态出现，从而实现指导教师发展的专家系统。

二、各工作场景因素的智慧关联

结合教研员对教师的个体诊断，教师基本能力与教师学习资源间可以建立相应的逻辑关系。结合教师个体的特征，提供解决教师基本问题的对应资源，即可在一定程度上提升教师该方面的能力，如图 1–7 所示。

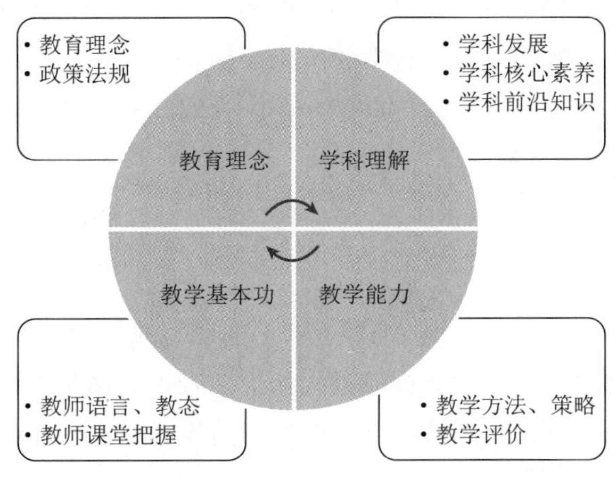

图 1–7　教研员工作场景因素的智慧关联

在教研工作的各个场景中，均会呈现出对教师的教育理念、学科理解、教学基本功、教学能力的关注。教研员在教师的听评课、指导教师说课、组织教师备课、引领教师开展教育科研等工作场景中，都要对教师有全面的了解。通过对教师相关能力的关联，以及对教师的感知、互动，实现教师能力与教研工作场景的智慧关联。

问题四：教研员工作场景的数据量化与评价方法是怎样的？

教研员在各种工作场景中对教师进行诊断，一方面基于经验的质性评价，以描述的方式反映教师的状况，另一方面可以将评价维度进行量化，通过数据量化分析，实现对教师能力的测量。

一、数据内容

在各种工作场景中，教研员对教师的诊断会有多个维度，每个维度均有相应的评价指标，通过评价量表对教师进行评价。例如，课堂教学评价表、科研课题评价表等，每一个评价表的评价指标均能显现出教师的特征。例如，课堂教学评价维度和科研课题评价维度，均有明确的可观察指标，如表 1–1 所示。

表 1-1　教师诊断数据

评价维度	评价指标
课堂教学	教学目标、学习条件、学习指导、课堂活动、课堂气氛、教学效果、学科特色
科研课题	科学性、创新性、规范性、难易程度、应用价值

从课堂教学的各个方面提取出评价指标，并制定评价量规，实现数据量化。对量化后的数据进行数据分析，可实现对课堂教学的量化评估。

教育科研课题具有解决教育教学问题的作用，针对问题解决的科研也具有相应的评价指标，以及指标量化的数据分析。

二、数据关系与量化

数据关系即在统一体系中各数据的相互关系与权重，通过相应指标的权重确定分数后，结合对应指标的内容即可实现基于数据的量化评价。表 1–2 是某地区的课堂教学评价表，通过该量表对教师的教学进行诊断，即可发现教师的优势与不足。

表 1-2　课堂教学评价表

内容	指标	分值
教学设计	教学目标符合新课程标准，三维目标表述完整，体现以学生为中心的教学理念	20
	教学设计要素完整，思路清晰，课堂教学结构设计合理，重难点突出	
	用教学设计模板编写，文从字顺	
	教学反思中的技术应用成效归因分析明确，问题挖掘准确，改进设想具体	
教学过程	教学环节合理、自然、流畅，且用时恰当	40
	关注学生差异，鼓励学生质疑，尊重学生观点与意见，耐心引导	
	重视学生已有的经验，开展符合学生认知特点和规律的教学活动	
	教学主题与教学内容紧密衔接，教学任务分配合理	
技术运用	媒体选择恰当，技术应用熟练，与教学内容自然融合	15
	有效利用媒体技术，解决教学重难点问题，促进师生、生生深层次互动	

续表

内容	指标	分值
教师素养	教态亲切、自然，语言准确、清晰、生动，板书工整规范、简明扼要	15
	专业知识扎实，准确把握学科的基本特征实施教学，及时捕捉并利用生成性资源	
教学效果	达成预设教学目标，课堂气氛活跃，学生的情感、行动和思维良好	10
	能较好地利用课堂的生成性资源，学生能主动学习、快乐学习，学生能积极动脑、动口、动手，不同层次的学生在课堂中都有收获	

本章内容小结

本章我们了解了教研员的工作场景（知识检查点 1-1），教研员的工作职责和工作目标（知识检查点 1-2），认识了教研员工作流程中的智慧化（知识检查点 1-3），掌握了教研员工作场景的数据量化与评价方法（能力里程碑 1-1）。本章内容的思维导图如图 1-8 所示。

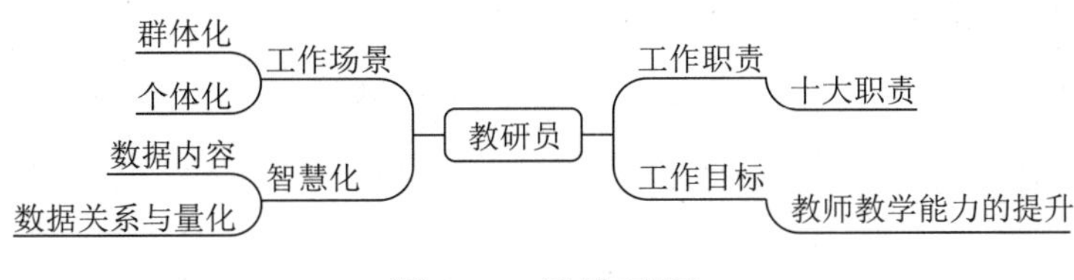

图 1-8 思维导图

自主活动：反思教研员工作场景的智慧化与教研数据量化

请学习者在学习完本章内容后，进行自我反思，并记录个人学习心得。

小组活动：如何在教研员工作场景中对教师进行精细化指导？

请学习者围绕本章的学习主题进行组内交流，并做好小组学习记录。

评价活动：评价本章知识与能力学习水平

一、名词解释

教研活动（知识检查点 1-1）

智慧学习环境（知识检查点 1-3）

二、简述题

1. 你觉得教研活动主要由哪些方面构成？请说一说你对教研活动的目的和方向的理解（知识检查点 1-2）。

2. 你认为教研活动的智慧化解决了以往教研活动中的哪些问题（知识检查点 1-3）？

3. 请你反思在进行教师诊断数据量化的时候，是否可以不断修改数据指标？在反思和指导过程中是否应用了教师诊断数据指标进行资源标识（能力里程碑 1-1）？

三、实践项目

根据所在地区特点，构建合理的教师教学能力评价指标体系，并制定合理的基于数据量化的评价过程（知识检查点 1-1、1-2；能力里程碑 1-1）。

第二章　基于数据的教师教学能力教研指导

本章学习目标

在本章的学习中，要努力达到如下目标：

◆ 了解教师教学能力的内涵（知识检查点 2-1）。

◆ 掌握对教师教学能力各项指标进行数据采集的基本方法（知识检查点 2-2）。

◆ 能够对教师教学能力各项指标进行数据采集并诊断，能够根据数据分析教师教学能力的差异（能力里程碑 2-1）。

◆ 能够根据数据分析实施对教师教学能力的指导（能力里程碑 2-2）。

本章核心问题

如何基于数据对教师教学能力的提升进行有效的指导？

本章内容结构

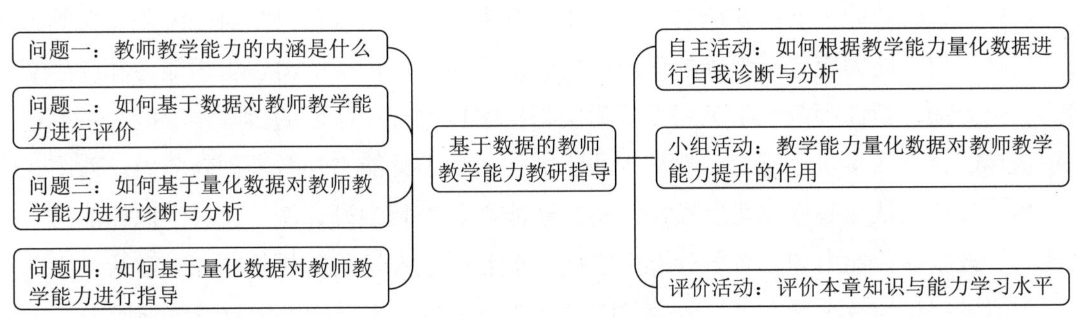

引 言

教师承担着全面深化课程改革、落实立德树人根本任务的重要使命，在优质教育的普及和教育公平的实现中起着关键性的作用。

教师的专业水平决定着教育的质量，教师教学能力的提升是当今世界各国教师专业发展的重点。为促进教师的专业发展、建设高素质的教师队伍，我国于2012年颁布了《幼儿园教师专业标准（试行）》《小学教师专业标准（试行）》《中学教师专业标准（试行）》文件，这些文件均强调教师要不断提升教育教学专业化水平。《中共中央国务院关于全面深化新时代教师队伍建设改革的意见》指出，教师是教育发展的第一资源，要不断提升教师的专业素质和教学能力。

基于上述背景，对教师教学能力的相关维度进行数据量化，并进行分析、诊断，为教师的专业发展提供指导和依据。

问题一：教师教学能力的内涵是什么？

教师能力，是指从事教师职业的人应具有的能力。作为一名教师，从事教育活动需要具备多种基础性和专业性的能力。教学能力是指各科教师普遍具有的基于特定教材进行教学活动、完成教学任务的能力。教学能力作为教师教学专长的核心部分，直接影响课堂教学的有效性以及学生对知识技能的掌握和能力的发展。

关于教师教学能力及其构成要素，国内外有众多研究。

国外研究者认为教师的教学能力是教师能力结构的核心，教学能力包括制订教学计划、传授知识、组织教学、管理课堂等能力。教学能力的高低直接影响到教师教学效果的好坏和学生对知识的理解、掌握程度，是影响学生学习成绩的关键因素。

国内研究者对教师的教学能力也存在多种观点。天津市教育科学研究院孟育群等人认为，教师的教学能力应包括教师的认识能力、设计能力、传授能力、组织能力和师生交往能力五个方面。浙江师范大学王宪平认为，与新课程实施相适应的教师教学能力主要包括教学选择能力、教学整合能力、教学沟通能力、教学评价能力和教学创新能力。西南大学张大均、江琦从认知心理学角度出发，将教学能力分为教学设计能力、教学监控能力、表达能力、教学评价能力和教育机智五个方面。东北师范大学吴琼从教师在教学活动中的主要行为出发，认为教学能力可以分为教学设计能力、教学实施能力和教学监控能力。

研究表明，教师教学能力具有丰富的内涵，研究角度不同，内涵也不尽相同。因此，出现了各有侧重的不同的教师教学能力模型。有涵盖教师全面发展要素的教师教学能力模型，如本书第一章所提到的，由教育理念、教学能力、学科能力、教学评价能力构成的教师教学能力模型；有针对教师在课堂教学活动中的行为表现的教学能力模型，如由教学设计能力、教学实施能力、教学监控能力构成的教学能力模型等。

总体来说，教学能力是从事教书育人工作所需具备的各种能力的总和，是教师在具体教学活动中体现出来的综合能力，是教学活动得以顺利完成的必要条件。教学能力是教师专业发展的重要组成部分，直接反映了教师的专业化水平。教师教学能力的高低将直接影响教学效果和教学质量。

因此，推动教师教学能力的提升是改进教学效果、提升教学质量的重要手段。那么，如何帮助教师正确认识自己的教学能力水平呢？如何准确、有效地测量和评价每位教师的教学能力呢？首先需要找到能够反映教学能力的指标和因素。

教研员对一线教师专业发展的指导主要是基于对教师课堂教学的观察，通过听评课方式进行，因此可以将教学能力的观察和测量聚焦于教学设计能力、教学实施能力和教学监控能力三方面（见图 2–1），这恰与教育部师范司在《教师专业化的理论与实践》一书中的表述相一致，即教学能力由教学设计能力、教学实施能力和学业检查评价能力组成。

教师教学能力的各个指标之间不是孤立的，而是统一的，是共同指向课堂教学与学生发展的。

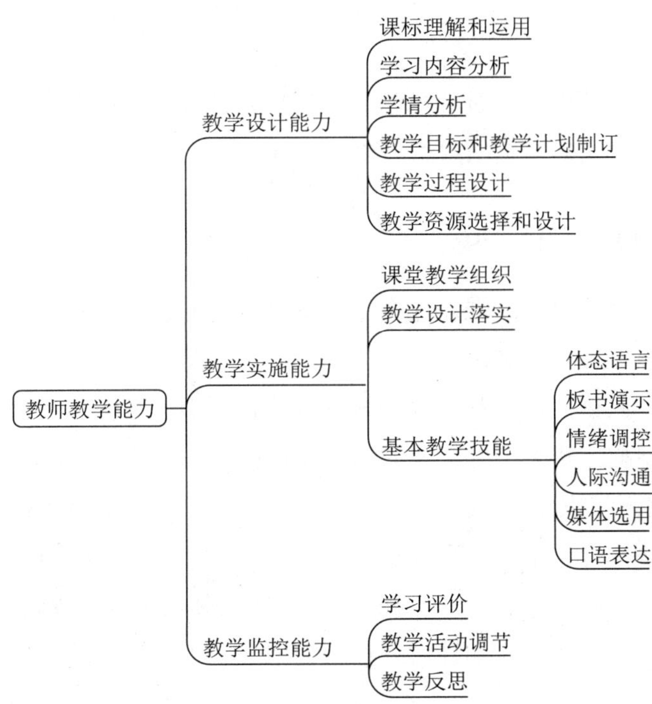

图 2–1　教师教学能力构成模型

问题二：如何基于数据对教师教学能力进行评价？

一、教师教学能力的评价方法

评价教师教学能力，通常会采用定量评价和定性评价两种方法。定量评价即将教学能力的各项评价指标赋予数量值，再运用数理统计方法得出结论，它可以反映被评价者的能力所达到的等级或水平。如通过合理的教学能力评价量表，可以保证评价结果具有一定的普适性和客观性。定性评价即听课者在听完课之后，对授课教师的教学能力给予评价，说出其优点及存在的问题。这种评价方式操作性强、重点突出、容易实现。如通过访谈提纲了解教师的课堂教学思路及教学反思等。

评价教师教学能力，往往不是简单地评价几节课，而是要进行相对全面的评价和判断。在具体应用中，可以针对评价的不同需求，选择相应的评价方法。比如当前各省市教师职称评定、骨干评比的方法：首先由校内评审小组进行校内评价，确定教师的校内得分和排名，然后由市区级评审小组基于数据对各校教师进行整体排名。这种方法具有可操作性和现实意义，可以确保研究结果在实践中具有较强的说服力。

对于教师个人来说，可以借鉴当前各地不同类别的教师考核评价指标，将其作为自身教学能力提升的导向和标杆。

对于教研员来说，可以将定量评价与定性评价相结合。先由量化方法得出真实的数据结果，然后通过定性方法对数据结果进行剖析，找到数据背后的价值。

二、教师教学能力数据量化指标

量化研究是模仿自然科学，强调用数学工具来分析的、可量化的研究，研究目的在于确定因果关系，并做出解释。比如S–T方法、FIAS方法等，可以对教学结构、情感氛围、师生互动情况、教学风格、课堂利用效率等进行综合评价。对教师在课堂教学中的具体表现，可以用课堂观察的方式来进行客观的测量和评价。

教师教学能力具有内隐性和复杂性，对其直接进行评价和测量比较困难，往往需要依据相应的评价标准来执行，比如《教师专业能力理念架构》《中学教师专业标准（试行）》等。这些标准对教师专业发展能力和教学能力提出了具体的要求，各地在落实相关标准时，又结合实际情况进行了量化，比如针对北京市朝阳区中小学教师的《朝阳区教师教学基本能力检核标准》、针对北京市学科教学带头人和骨干教师的评价标准、针对中小学教师是否达到相关专业技术水平的评价标准等。这些标准的制定为教师教学能力的量化提供了参考依据。

对于广大中小学教师来说，教学实践活动体现了教师教学的能力水平。但是针对能力水平的评价通常是基于具体的教学实践活动的，需要将教学能力与教师具体的教学行为和表现建立关联，形成评价教学能力的标准。因此，将教师教学实践活动中的能力表现作为评价教师教学能力的量化指标。具体来说，针对教师教学能力模型的构成要素，将教学设计、教学实施、教学监控定为三个一级评价指标，如表 2–1 所示，一级指标、二级指标、评价要点和量化分值形成相对稳定的教学能力评价标准。

表 2-1　教师教学能力评价标准

一级指标	二级指标	评价要点	量化分值
教学设计能力	课标理解和运用	教学立意符合课程标准要求，体现核心价值观教育和学科核心素养的培养，体现学科学习的衔接与进阶，凸显学科课程育人的功能与价值	10
	学习内容分析	依据课程标准和纲要文件进行教学内容分析，明确教学内容在课程体系中的作用和意义	5
	学情分析	学生现状与需求分析，针对学生实际并依据学习内容结构确定重点、难点，依据学生发展提升空间设计学习活动过程	5
	教学目标和教学计划制订	目标设计指向学科核心内容、学科思想方法、学科核心素养，且具体、可检测	10
	教学过程设计	课堂每个步骤（环节）的情境、资源、任务的设计意图明确，突出学科核心知识学习和关键问题的解决	10
	教学资源选择和设计	根据学习目标，合理选择和设计教学资源，支撑学生的学习活动	5
教学实施能力	课堂教学组织	实时调控教学环节，促进学生深入学习，学生课堂表现好，课堂教学目标得到有效落实	30
	教学设计落实	落实教学设计中的重点环节，体现设计意图，突破重点、难点，凸显关键能力的提升	5
	基本教学技能	板书科学、合理，普通话标准，多媒体操作熟练，演示实验规范、熟练	5
教学监控能力	学习评价	评价促进学生学习，基于评价标准，合理运用评价方式及特色评价工具，突出过程性、表现性、激励性	5
	教学活动调节	根据课堂教学情况，及时调整教学活动，以促进学生学习	5

续表

一级指标	二级指标	评价要点	量化分值
教学监控能力	教学反思	从设计、实施、评价、理念落实等方面找出优点和不足，并说明今后完善与改进的办法。生成性成果、教与学的问题与改进措施等符合课标要求和教学实际	5

教师教学能力评价标准，既可以作为教师个人对教学能力进行反思的依据，也可以用作学校评价教师教学能力的抓手，同时教研员也可以利用这个评价标准对教师教学能力进行客观描述。

需要指出的是，上表给出的教师教学能力评价指标，是从教师的课堂教学实践活动出发的。为了客观、真实、全面地评价教师的教学能力，还需要从隐藏在评价指标后面的教师对课程、教学、评价、学生等的理解出发，将定量分析与定性分析相结合，通过深入的访谈和交流及持续的观察和记录，才能全面衡量教师的教学能力。

教师教学能力是逐步提升的，其水平高低不是简单地通过一次课、一个学期、一个学年的测量和评价就可以体现出来的。因此，在考核不同发展阶段的教师的教学能力时，要符合教师教学能力发展水平，要考虑对教师教学能力的持续性、阶段性评价，还要考虑教师教学能力评价的不同应用场景，对于教师教学能力的评价指标，要根据实际情况做相应的调整。

拓展阅读

在进行职称评定、骨干教师评比时，针对不同发展阶段的教师，其教学能力的要求是不同的，如表 2-2 所示。通常会要求教师将某段时间内的教学成果加以汇集，再辅以现场听课和说课的方式，评价不同发展阶段教师的教学能力。

表 2-2　某地区高级教师和中级教师教学能力要求对比

高级教师	中级教师
具有所教学科的坚实的理论基础和专业知识 能够系统地掌握所教学科的课程体系 有很强的专业技能 能够对本学科、课程的教育教学方法进行改革试验 教学经验丰富，并有个人的教学风格，得到同行和学生的普遍认可，教学效果突出	具有所教学科的坚实的理论基础和专业知识 能够掌握所教学科的课程体系 有较强的专业技能 能够掌握所教学科的课程标准、教材、教学原则和教学方法

通过对体现教师教学能力的相关指标进行直接观察、测量、统计和分析，可以量化教师的教学能力数据。比如，在评价教师是否达到更高的教师资格时，可以从教学设计、课堂教学评价、任职期间公开课（研究课）的开设等方面对教师教学能力进行量化，如表2-3所示。教学设计中蕴含了课程的学习目标、教学内容、教学过程、教学组织、教学方法、教学资源等课堂教学质量要素，反映出教师对于学科课程标准的理解；课堂教学评价则是对于教学目标达成、学习效果、课堂管理、课堂活跃度、学生学习活跃度等进行评价，反映了教师的教学实施能力和水平；任职期间承担公开课（研究课）等教师参与的各级展示示范活动，主要反映出教师能够把学科知识、教育理论与教育实践有机结合，具有扎实的教书育人实践能力以及较高的教育教学专业化水平。通过赋予适当的分值，可以对教师教学能力的显性表现进行量化，从而反映出教师教学能力的水平。

表2-3 某地区教师教学能力评价量化表

评价指标	评价内容	分值	备注
教学设计	近三年的教学设计	6	最高分6分
课堂教学评价	优	10	最高分10分
	良	8	
	中	6	
承担公开课、研究课等	国家级	12	最高分12分
	省市级	10	
	区级	8	
	校级	4	
课堂教学展示获奖	国家级	12	最高分12分
	省市级	10	
	区级	8	
	校级	4	
指导学生或带团队获奖	国家级	10	最高分10分
	省市级	8	
	区级	6	
	校级	4	

问题三：如何基于量化数据对教师教学能力进行诊断与分析？

针对教师的教学能力，可以根据需要设计不同的评价指标，以便进行有侧重的评价。比如某学科教研员结合学科特点和课程育人要求，从关注整体教学效果的角度出发，将表2–1 加以调整，生成针对某学科教师的课堂教学能力评价表，如表 2–4 所示。

表 2-4　某学科教师教学能力评价表

一级指标	二级指标	评价要点	量化分值
教学设计	整体思路	教学立意符合课程标准要求，体现核心价值观教育和学科核心素养的培养，体现学科学习的衔接与进阶，突显学科课程育人的功能与价值	10
	学习者分析	学生现状与需求分析具体，针对学生实际并依据学习内容确定重点、难点，依据学生发展提升空间设计学习活动过程	5
	目标设计	目标指向学科核心内容、学科思想方法、学科核心素养，且具体、可检测	10
	学习活动设计	课堂每个步骤（环节）的情境、资源、任务的设计意图明确，突出学科核心知识学习和关键问题解决，突破重点、难点，突显关键能力的提升	30
教学实施	课堂教学效果	落实教学设计中的重点环节，学生课堂参与度高，教师实时调控教学环节促进学生学习深入，有效落实课堂教学目标	30
	教学技能	板书科学、合理，普通话标准，多媒体操作熟练，演示实验规范、熟练	5
教学评价和反思	学习评价	评价方式、评价目标及特色评价工具等运用合理，突出过程性、表现性和激励性	5
	教学反思	从设计、实施、评价、理念落实等方面找出优点和不足，并说明今后完善与改进的办法。生成性成果、教与学的问题与改进措施等符合课标要求和教学实际	5

教研员通过分析 20 位教师的教学设计及课堂教学实录，得到表 2–5 所示的数据。

进一步对上述数据进行分析，得到代表教学能力二级指标的评价数据，如表 2–6 所示。

通过标准差分析，可以看出 20 位教师在学习活动设计、课堂教学实施效果、目标设计、学习者分析、整体思路方面存在较大差异。尤其是学习活动设计，表明教师是否能够明确课堂每个步骤（环节）的情境、资源、任务的设计意图，并针对学科核心知识学习和关键问题解决进行有效设计和思考，是否能够突破重点难点，能否促进学生核心素养中关键能力的提升。因此，通过对学习活动设计的诊断和分析，教师可以明确学习活动中存在的问题，引导教师在教学中把学生当作教学的主体，更加关注学生，从而加深对学生学习活动及状态的了解、预设和指导，提高学习活动的设计和指导能力。

表 2-5 某学科 20 位教师课堂教学能力评价数据

序号	总分	整体思路	学习者分析	目标设计	学习活动设计	课堂教学效果	教学技能	学习评价	教学反思
教师 1	90	9	5	8	28	28	4	4	4
教师 2	91	8	5	8	29	28	4	4	5
教师 3	70	8	0	4	25	25	1	3	4
教师 4	88	8	4	9	27	27	5	4	4
教师 5	87	9	4	8	27	27	4	4	4
教师 6	93	9	4	9	29	28	5	4	5
教师 7	84	8	4	8	26	26	4	4	4
教师 8	95	9	5	9	29	29	5	4	5
教师 9	72	6	3	7	23	23	3	3	4
教师 10	70	6	3	6	23	22	4	2	4
教师 11	78	7	4	7	25	25	3	3	4
教师 12	85	8	4	9	26	26	4	4	4
教师 13	82	8	4	8	25	25	4	4	4
教师 14	72	6	3	7	23	23	4	2	4
教师 15	92	9	5	9	28	28	4	4	5
教师 16	81	8	4	7	24	25	4	5	4
教师 17	92	9	4	9	28	28	5	5	4
教师 18	75	8	4	7	24	23	4	2	3
教师 19	90	9	4	8	29	29	4	3	4
教师 20	94	9	5	9	29	28	4	5	5
平均分	84.05	8.05	3.90	7.80	26.35	26.15	3.95	3.65	4.20
标准差	8.54	1.05	1.12	1.28	2.23	2.18	0.89	0.93	0.52

表 2-6　某学科 20 位教师课堂教学能力二级指标评价数据

二级指标	平均分	标准差	标准差排序
整体思路	8.05	1.05	5
学习者分析	3.90	1.12	4
目标设计	7.80	1.28	3
学习活动设计	26.35	2.23	1
课堂教学效果	26.15	2.18	2
教学技能	3.95	0.89	7
学习评价	3.65	0.93	6
教学反思	4.20	0.52	8

问题四：如何基于量化数据对教师教学能力进行指导？

教研员通过构建合理的教师教学能力评价指标，可以收集大量的数据。通过对这些数据进行分析与诊断，既能帮助教研员发现教师在教学方面存在的主要问题，指导教师进行改进和优化，也能帮助教师发现自己在教学能力方面存在的不足，明确改进方向，及时调整和完善。

学科教研员对问题三中的教学能力二级指标的量化数据进行了可视化处理，形成了可视化的图表，如图 2–2 所示（本书为黑白印刷，看不出图中线条的颜色差异，但图中已标明每条折线对应的指标）。在折线图中，清晰显示出每条具体评价指标所对应的量化数据，体现出教师之间的差异。如教师 10，其整体思路、学习者分析、目标分析、学习活动设计、课堂教学效果等二级指标对应的评价数据都比较低，说明该教师在教学设计、教学实施、教学评价和反思等方面与其他教师相比存在明显差距。

针对教师 10 的量化数据，教研员需要结合访谈对该教师的教学能力进行进一步观察。访谈中要了解教师的专业背景、教龄、职称、参与专业学习、培训和进修的情况、学校课时安排、校本教研情况等。通过这些背景信息，可以了解教师的专业发展阶段、学校教研力量这些客观因素。结合这些客观因素，再诊断教学设计、教学实施、教学评价和教学反思方面存在的主要问题。通过对教学能力评价标准中的一级指标，以及对应的二级指标的不断拆分，厘清教学中存在的主要问题：教学设计方面存在的主要问题是什么？教学实施方面是否缺乏有效的思考和合理的规划？是否理解教学评价的意义和作用？是否知道评价方案设计及评价方式选择？……针对这些问题，和教师一起逐条分析这些问题对课堂教学的影响，逐条分析问题所反映出来的教师教学能力存在的短板和不足，提出相应的修改和完善策略。

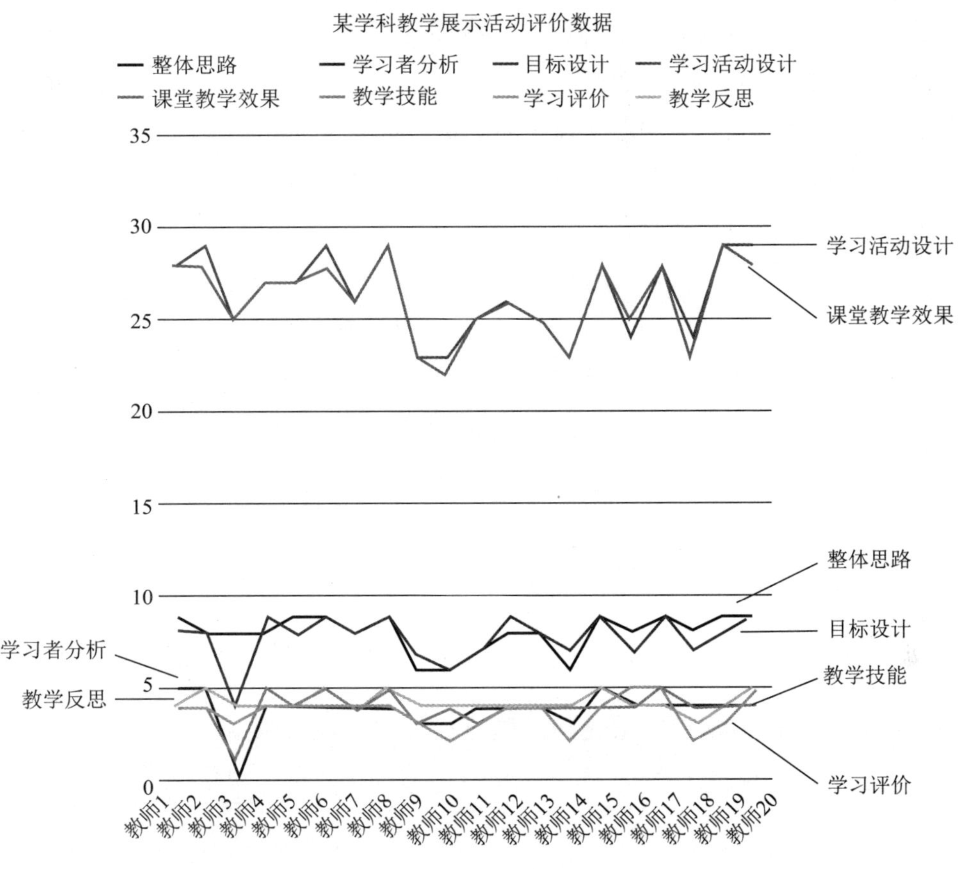

图 2-2　某学科 20 位教师教学能力数据可视化图

比如，针对教师对于课程标准认识不全面的问题，教研员可以安排教师参加适当的研修活动，参加相应课程标准解读的讲座，帮助教师强化对于课程标准的认识；还可以提供相应的文献资料，方便教师进行自我研修，或是基于案例分析方式，引导教师理解课程标准对于课程教学的重要性；还可以利用研究课活动，引导教师走入更多的课堂，去观摩、去学习……

教师并非天生就是教学能手，需要进行不断的培训和培养，需要在教学中有方向地进行反思和持续改进。通过数据量化，可以让每一位教师清晰地知道自己在哪方面比较强、哪方面比较弱，明确改进和提高的方向。对于教研员来说，在数据量化分析的基础上，借助定性分析方法，挖掘该教师的教学背景、教师研修情况，结合教师发展的特点和需求，寻找教师教学问题产生的根源，给予教师相关方面的支持，帮助教师挖掘自身教学潜力，积极反思，以更好地开展教学。这样才能使得教师研修工作更加实际，使得教师教学研修更接地气、更有活力。

本章内容小结

本章我们了解了教师教学能力的内涵（知识检查点 2–1），了解了对教师教学能力各项指标进行数据采集的基本方法（知识检查点 2–2）。通过案例分析，对教师教学能力各项指标进行了数据采集并诊断，依据分析结果分析了教师教学能力的差异（能力里程碑 2–1），运用数据分析对教师教学能力的改进和提升进行了指导（能力里程碑 2–2）。本章内容的思维导图如图 2–3 所示。

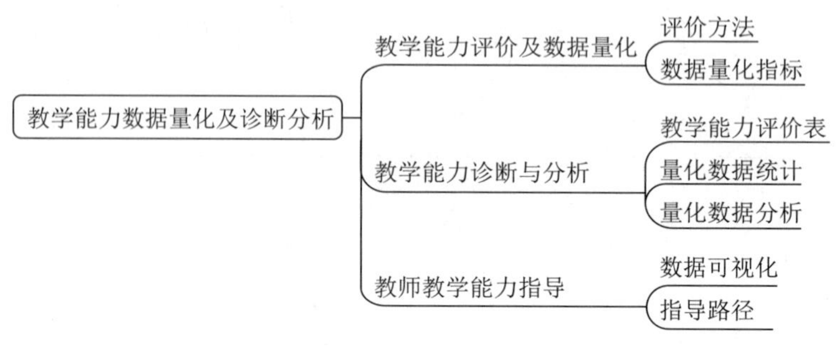

图 2–3　思维导图

自主活动：如何根据教学能力量化数据进行自我诊断及分析

请学习者在学习完本章内容后，进行自我反思，并记录个人学习心得。

小组活动：教学能力量化数据对教师教学能力提升的作用

请学习者围绕本章的学习主题进行组内交流，并做好小组学习记录。

评价活动：评价本章知识与能力学习水平

一、简述题

1. 教师教学能力主要由哪几方面构成？请说一说你对教师教学能力的理解（知识检查点 2–1）。

2. 有人认为，基于数据量化的以评优评先为核心的教学能力评价，是促进教学质量提升和引导教师自我发展的非常好的方式。针对上述观点，说说你的想法（知识检查点 2–2）。

3. 请反思你在进行教师专业发展指导的时候，是否构建了教师教学能力的数据指标？在反思和指导过程中是否应用了教师教学能力的数据指标（能力里程碑 2-1、2-2）？

二、实践项目

根据所在地区、所在学校以及所教学科特点，构建合理的教师教学能力评价指标体系，并制订合理的基于数据量化的评价方案（知识检查点 2-1、2-2；能力里程碑 2-1、2-2）。

第三章　基于数据的学科知识教研指导

本章学习目标

在本章的学习中，要努力达到如下目标：

◆ 了解学科知识及学科教学知识的内涵（知识检查点 3-1）。

◆ 了解学科知识图谱的特点和作用（知识检查点 3-2）。

◆ 能够选择和使用适当的教学测量方法对教师学科知识掌握情况进行检测（知识检查点 3-3）。

◆ 能够对教师学科知识水平进行数据量化（能力里程碑 3-1）。

◆ 能够根据数据分析对教师学科知识的改进进行教研指导（能力里程碑 3-2）。

本章核心问题

如何选择和使用恰当的教学测量方法检测教师学科知识掌握水平？如何根据量化数据对教师学科知识的改进提供教研指导？

本章内容结构

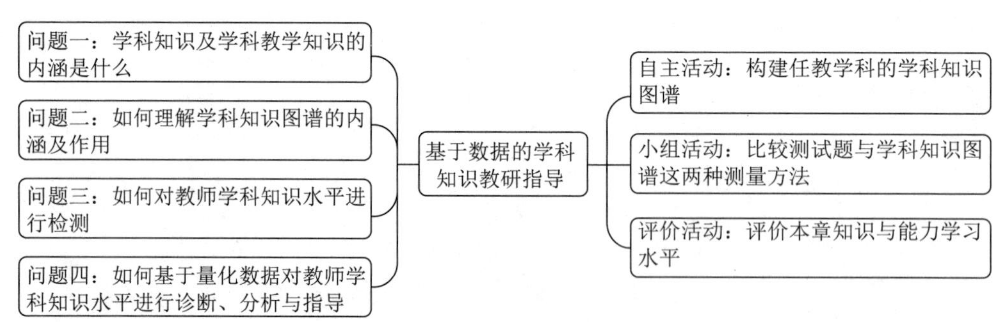

引 言

随着现代科技的飞速发展，新学科、新理论、新技术、新方法不断涌现，对广大教师的知识更新速度、知识深度和知识广度的要求越来越高。同时，学生的知识水平与求知欲望日益增强，他们迫切地希望学到更多的知识。对于教师而言，想要成为一名优秀的教师，不仅要具备深厚的学科知识，还要有将这种知识以学生能理解的方式传授给他们的能力，即学科教学知识。教师的学科知识和学科教学知识影响着课堂教学与学生的学习效果。

在教育大数据的时代背景下，是否可以借助适当的教育测量方法来评价教师的学科知识水平，是否可以将教师学科知识水平进行数据量化，是否可以借助可视化方式呈现教师学科知识水平，是否可以帮助教师构建自己的学科知识图谱，这些为基于数据的学科知识教研指导提供了思考和研究的方向。

问题一：学科知识及学科教学知识的内涵是什么？

一、学科知识

学科知识主要指教师所教学科的内容知识，即学科的主要事实、概念及它们之间的关系。学科知识包括四个方面：对学科基础知识的理解、相关技能的掌握；对学科相关知识的基本了解；对学科的历史和发展趋势的了解；对学科所提供的认识世界的独特视角、域界、层次及思维与方法的掌握。对于一名教师来说，其具有的学科知识的具体表现就是熟悉教材内容、把握学科知识结构、深刻理解学科本质。

学科知识是教师专业知识的重要组成部分，与教育知识、学科教学知识、通识性知识一起，构成了教师专业发展的基础，是教师在教育活动中以及在教育实践中所获得的并直接作用于教育过程的实用性知识。而教师教学能力是教师专业能力的重要组成部分，只有基于专业精神和专业知识的长期、反复的反思性教育实践，才能形成稳定、熟练的专业能力。

因此，学科知识是教师教学能力的基础，教学能力是学科知识、教育理论与教育实践有机结合的稳定表现。

二、学科教学知识

一名合格的教师不仅要具备学科知识，还要具备相应的学科教学知识。

学科教学知识（缩写为 PCK）的概念是由美国学者舒尔曼最先提出的，他认为学科教学知识是教师专业知识的核心，是由具体学科内容和教育学知识融合而成的教师知识，是教师独有的专业知识，是教育专家和从事该学科研究的科学家的区别所在。国内外专家普遍认为，学科教学知识包含学科知识、课程知识、教学策略知识，以及学生知识，如图 3–1 所示。

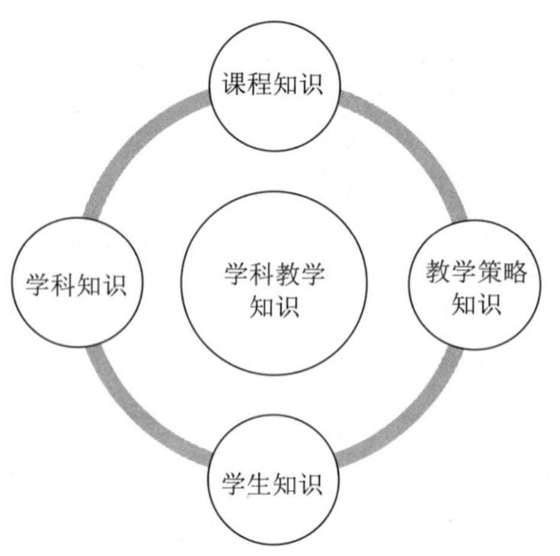

图 3–1　学科教学知识的组成

课程知识是教师学科教学知识的重要组成部分，主要包含课程内容、课程结构、课程功能、课程价值、课程活动、课程设计，以及课程实施和课程评价等方面的知识。只有理解和把握了课程知识，教师才能够理解课程改革的发展趋势，明确课程育人价值，才能根据需要进行学科知识的更新和完善，才能对学科领域的问题进行组织，对教学才会有更好的理解和把握。因此，课程知识是学科知识的基础，是学科知识作用于学生学习的有效推动力。

教学策略知识可以理解为针对具体学科内容进行教学的方法与策略。比如，为促进学生理解而使用类比、样例、图示、解释和演示等方法去表征学科知识。在应用教学策略知识时，通常要考虑教材、教法、学生特点等因素。教学策略知识超越学科知识本身，以最能展现该学科知识的形式出现。随着教师发展阶段的递进，教学策略知识的发展将经历教学方法的把握、教学策略的灵活应用、教学风格的形成等阶段。

学生知识主要是指教师在教学实践活动中认识学生、关注学生，以及深刻理解学生。具体来说，包括对学生身心发展特性的了解，对学生对相关课题内容的理解程度的了解及存在的主要学习问题的了解等。通常表现为教师对学生学情的理解和把握。

学科知识是从新手教师成长为一名有经验的教师的先决条件，而学科教学知识则会帮助教师将学科知识、教育理论与教育实践有机结合，充分研究学生，最终实现学生和教师的共同成长。

问题二：如何理解学科知识图谱的内涵及作用?

一、知识图谱

知识图谱是为了描述真实世界中存在的各种实体或概念及其关系而形成的知识网络结构。知识图谱是一个巨大的知识网络，主要由实体、概念、内容、属性（值）、关系等部分组成。

实体指的是具有可区别性且独立存在的某种事物。如地理图谱中的“中国”“美国”等。实体是知识图谱中最基本的元素，不同的实体间存在不同的关系。

概念可以理解为具有同种特性的实体构成的集合，主要指集合、类别、对象类型、事物的种类，如“国家”。

内容通常作为实体和概念的名字、描述、解释等，可以由文本、图像、音视频等来表达。

属性（值）指从一个实体指向它的属性值，如“人口”“面积”“首都”等是几种不同的属性。属性值是指定属性的值，如 2153.6 万亿人口等。

关系可以理解为知识图谱中实体与实体之间的联系。

实体包含概念和实例两种，每个实体还有很多属性（值）对来描述实体的内在特性。

三元组是知识图谱中描述知识的组织单元，可以用（实体 1– 关系 – 实体 2）和（实体 – 属性 – 属性值）等形式表示。在知识图谱中，节点表示实体或概念，边表示实体与实体之间的关系，如图 3–2 所示，三元组（中国 – 首都 – 北京）表示实体“北京”和“中国”之间是“首都”关系；三元组（北京 – 人口 –2153.6 万）表示“北京”的“人口”是“2069.3 万人”，在这个三元组中，“北京”是一个实体，“人口”是一种属性，“2153.6 万”是属性值。

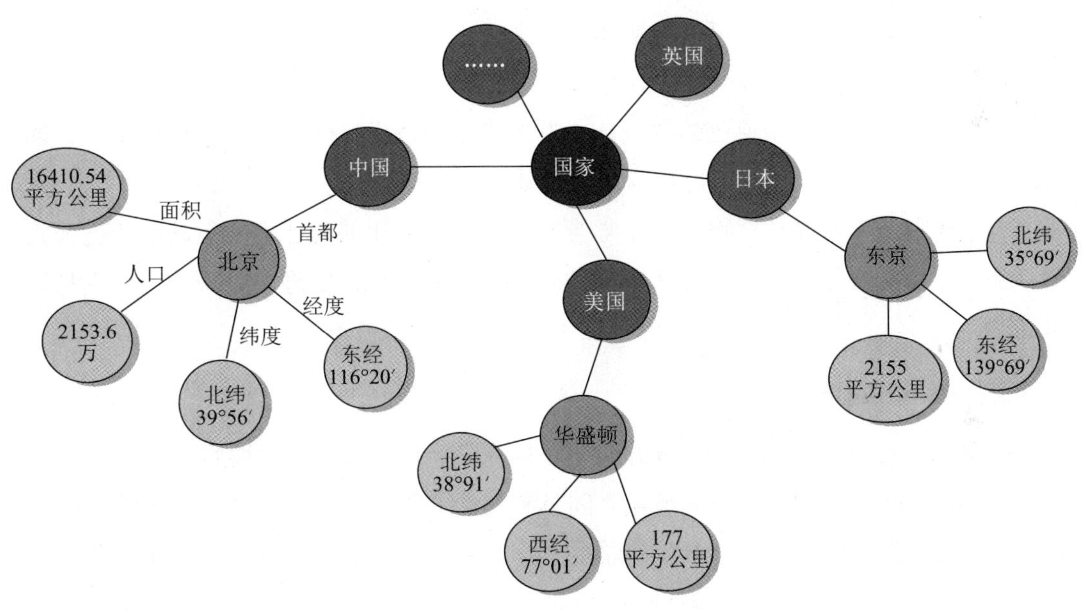

图 3–2　有关“国家”的知识图谱

二、学科知识图谱

利用知识图谱，可以描述学科体系中概念与概念之间的关系及它们的属性和属性值等，这样就形成了学科知识图谱。

学科知识图谱是由节点及节点之间的关系组成的知识库。其中节点由知识点或与知识点相关的教学资源组成。节点之间的关系表述的是知识点与知识点之间、知识点与教学资源之间以及各种教学资源之间的关系。学科知识图谱基于课程标准与学科教学规律进行构建，并充分考虑知识点间的先后顺序，以及同一个知识点在不同学习阶段的不同要求等。如部分化学元素知识图谱，如图 3–3 所示。

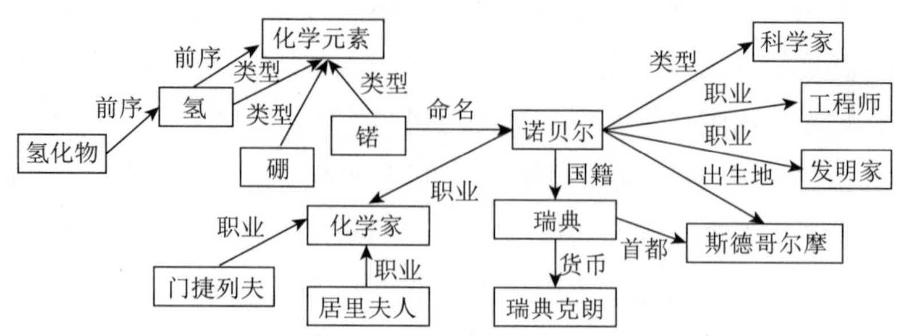

图 3–3　部分化学元素知识图谱

学科知识图谱具有节点的多样性、节点关系的特殊性，以及知识点的准确性等特征。

1. 节点的多样性

学科知识图谱中的知识点可以是实体、概念、公式或命题。

（1）实体是指现实或虚拟世界中具有特定语义的对象，如图 3–3 中的居里夫人、氢等。

（2）概念则是指通过抽象化的方式从一群事物中提取出反映其共同特性的单位，如化学元素、科学家等，一个概念可能包含多个实体。

（3）公式则是来自数学、物理、化学等学科的公式，比如匀速直线运动的速度公式为 $v=s/t$，公式中每个符号又分别对应着不同的知识点；命题包括定理、公理等，如牛顿第一运动定律。

2. 节点关系的特殊性

学科知识图谱中节点间的关系有方向性、相互性、传递性三个主要特征。

（1）节点之间具有方向性，即节点之间具有明确的指向，而不是杂乱无序的连接。

（2）节点之间具有相互性，如氢化物的知识点中包含氢，则氢就被包含于氢化物这个知识点中。

（3）节点之间具有传递性，如氢化物知识点的前序知识点是氢，而氢知识点的前序知识点是化学元素，那么氢化物知识点的前序知识点也包括化学元素。

3. 知识点的准确性

学科知识图谱是以学习者的知识库形式来呈现的，因此，对应的知识点应该是准确无误的。这些知识点应该出自课程标准、课程方案、教材及教师指导用书等权威来源。

通过学科知识图谱的构建，将某一学科的知识运用可视化的图示关系表示出来，更加形象、直观地展现学科知识之间复杂的关系。

学科知识图谱不仅可以反映出每个学习者的知识结构，还可以看出不同学习者之间知识建构的方式和内容的差异。知识图谱反映了知识的整体性和复杂性，通过知识图谱的构建，可以看出学习者对知识的整体理解程度以及思维水平。知识图谱还能够直观地反映出学习者联系新旧概念、产生新知的能力。

问题三：如何对教师学科知识水平进行检测？

一、教学测量

教学测量就是依据相应的原理和方法对教与学的相关现象进行量化研究的过程。

教学测量的方法包括质性方法和量化方法。质性方法往往通过开放式问卷、绩效评价、深度访谈、课堂观察等方式测量被试者的学科知识水平。量化方法往往通过调查问卷、测试题等方式进行测量。例如，自我报告式测量是一种较为常用的测量方法，主要依据心理测量或问卷调查，通过设计一系列测验项目，让教师根据实际情况针对这些项目进行不同程度的描述，再利用统计分析方法估计教师潜在水平的高低。

二、常用学科知识水平测量方法

利用有效的教学测量方法去评价教师的学科知识水平，有助于教师有针对性地发展和提升教学能力。在测量时，可以考虑综合运用多种方法，如测试题、开放式问卷、绩效评价、深度访谈、课堂观察、知识图谱分析等。

1. 利用测试题测量教师学科知识水平

利用测试题测量教师学科知识水平是一种常用的测量方法。

测试题编制要以相关学科的课程标准为依据，同时参考各地区关于相关学科的水平考试、中考、高考等测试，确定测试题的范围，在编制测试题的过程中，要将该内容领域的课程目标要求转化为对教师的能力要求。

测试题编制过程（以初中生物教师学科知识水平测试为例）。

（1）依据课程目标、学业质量水平等级要求，列出学科知识测量考查指标，如表 3-1 所示。

表 3-1　初中生物教师学科知识测量指标

一级指标	二级指标	三级指标
生物学科知识	本源性知识	理解生物学基础概念及基本原理

续表

一级指标	二级指标	三级指标
生物学科知识	本源性知识	了解生物与环境的关系
		了解生物系统的结构
		了解生物学的发展历史
		生物学知识的应用
生物学研究方法	思维方法	逻辑思维
		批判性思维
		用证据解释、描述的能力
	科学探究	提出问题
		制订计划
		收集信息
		分析数据
		表达和交流

（2）列出指标后，还需要对每个指标的层次进行划分，制定相应的评价标准。

（3）列出测量的内容领域及每一领域的行为特征。

（4）确定每一内容领域的行为特征与考试考查目标的对应关系。

（5）制定双向细目表，如表 3–2 所示。

表 3-2　初中生物教师学科知识水平双向细目表

题目编号	题型	考察能力	能力分类	分值	备注
1	选择题	对概念的理解能力	U		U 识记、M 理解、R 简单应用、E 综合应用
2	选择题	利用图表获取信息的能力	M		
3	选择题	文字转换获取隐含信息的能力	R		
4	选择题	对概念的理解能力	U		
5	选择题	对概念的理解能力	U		
6	选择题	对概念的作用的理解能力	M		
7	选择题	根据已知信息进行逻辑推理的能力	R		
8	简答题	提出问题、制订计划、收集信息的能力	E		

续表

题目编号	题型	考察能力	能力分类	分值	备注
9	简答题	识图和逻辑推理能力	R		U 识记、M 理解、R 简单应用、E 综合应用
10	简答题	识图和逻辑推理能力	R		
总分					

（6）确定试题数、试题类型。常见题型有选择题、填空题、问答题、材料分析题、设计题等。

（7）编写初中生物教师学科知识水平测试题，测试题主要包含学科概念、信息提取、实验设计、情境应用等方面。

（8）进行测试。

完成命题后，在确保试题信度和效度的情况下，进行教师学科知识水平的测试。

为了通过测试数据进一步分析初中生物教师的学科知识水平，在进行测试前，可以加入个人信息部分（姓名、学校、教龄、职称、骨干级别、毕业院校等），然后加入学科知识测试题。

（9）测试数据统计。

统计每位教师各题的得分、总得分以及每题的平均分。从表 3-3 可以看出初中生物教师各个测试题目的得分情况。其中题目 1 ~ 7 的标准差较小，说明教师们对基本概念的记忆、理解和应用能力比较强；简答题 8 ~ 10 的标准差较大，说明部分教师在实验设计方面还存在欠缺，需要在后期的教研培训中加强。

表 3-3　学科知识得分统计表（人数为 50 人）

题目	1	2	3	4	5	6	7	8	9	10	总分
分值	2	2	2	2	2	2	2	9	8	6	37
均值	2	1.92	1.84	2	1.76	1.6	1.96	7.82	7.4	7.4	33.76
标准差	0	0.396	0.548	0	0.657	0.808	0.283	2.057	1.278	1.278	7.173075

2. 利用知识图谱测量教师学科知识水平

知识图谱作为一种可视化工具，可以用于教师学科知识水平的测量。

教师绘制知识图谱的过程不仅涉及知识的重新架构，而且能反映出教师对学科知识的深层次理解能力。知识图谱中的层级结构可以反映教师收集已有概念、把握知识特点、联系和产出新知的能力。列举的实例可以反映教师对学科概念的理解是否清晰。

利用知识图谱对教师学科知识水平进行测量时，需要从知识图谱的结构和内容两方面进行评价。针对知识图谱的结构化程度，可以从概念数、连接数、分支数、层级数、交叉连接数、实例数六个方面对知识图谱对应的可视化图形进行评价；对于知识图谱的内容，可以从节点概念表述的准确和科学性、关系表述的清晰性，以及每位教师构建的知识图谱的个性化程度进行量化评价，如表 3–4 所示。

表 3-4　知识图谱评价量规

维度	指标	描述	分值
知识图谱结构	概念	节点概念的数目越多越丰富	有效节点数量
	连接	连接词种类越多越丰富	有效连接词种类数量
	分支	体现在知识图谱中的分支数量，分支越多说明对知识的理解所达到的分化程度越高、越多样	分支个数有几个则计为数字几
	等级层次	表明知识分类水平，层级越多，说明对该领域的理解越深刻	有几个层级计为数字几
	交叉连接	交叉连接或横向连接的多少，反映了对该领域知识的综合理解程度	有几个交叉连接计为数字几
	实例	实例准确、具体	有效实例数量
知识图谱内容	概念识别	概念描述准确、完整、科学	节点概念数量
	关系	关系描述准确、清晰（指节点和节点之间的关系是有意义的，描述的是构图者对知识理解的准确性程度）	关系描述准确、有意义，5 分；关系描述简单、不完整，2 分；表述模糊或错误，0 分
	个性化	个性化程度表明了其对该知识领域的独特性、创造性理解程度	个性化明显，5 分；个性化一般，2 分；无个性化，0 分

在实际应用知识图谱测量教师的学科知识水平时，可以请教师根据自身知识的掌握情况绘制并提交相关的知识图谱，然后对教师绘制的知识图谱从概念、连接、等级层次、实例等方面进行评价。

使用知识图谱测量教师学科知识水平的过程如下。

（1）选择测试的主题，构建评估时可以参考的重要概念（知识点），以及说明概念之间的相关关系等。通常由学科专家、教研人员、一线教师给出这些重要概念。

（2）研制基于知识图谱的教师学科知识水平评价标准。

（3）利用知识图谱对教师学科知识水平进行测量。要求教师针对给定的主题，进行知识图谱的绘制。

（4）利用评价标准，对教师绘制的知识图谱进行评价。

比如，利用知识图谱评价两位物理教师对于“机械能”知识的掌握情况。

两位教师均绘制了“机械能”的知识图谱，如图 3–4 所示。利用上面的知识图谱评价量规，对两位教师关于“机械能”的知识图谱进行结构及内容方面的分析评价，看到两位教师的知识图谱中均有 11 个节点，概念数量相同，均为 10 分；但是从关系上看，可以看到教师 B 比教师 A 的知识图谱更加系统，关系描述得更加准确。因此，可以初步判断教师 B 对于“机械能”这部分学科知识的理解更加全面、系统。

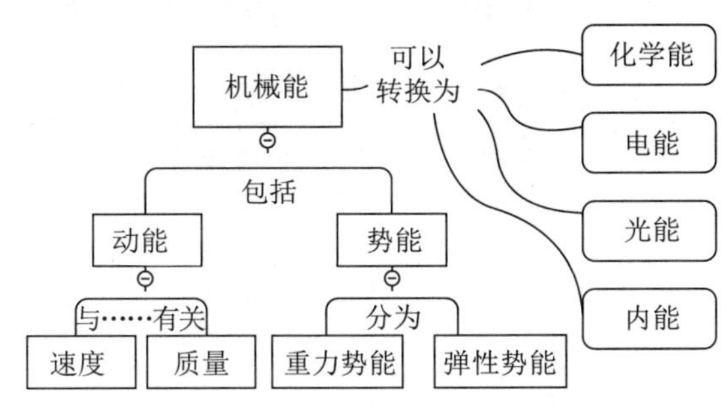

教师 A 绘制的知识图谱

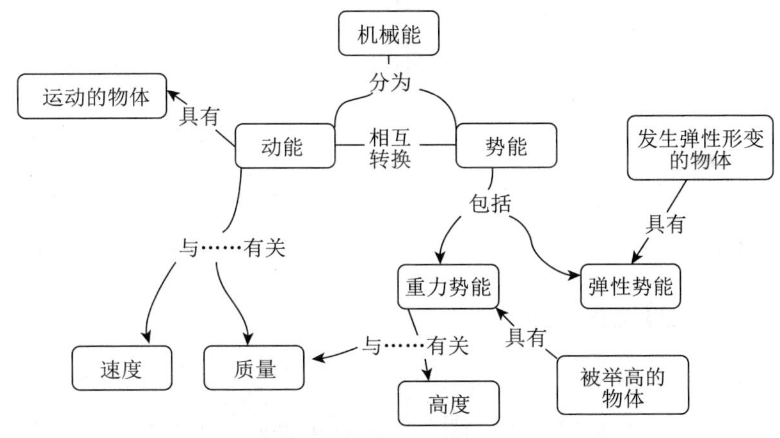

教师 B 绘制的知识图谱

图 3–4 “机械能”知识图谱

在基于知识图谱进行教师学科知识水平测量时，需要考虑实际测量需要。知识图谱评价量规中的结构化测量属于客观性指标；而内容测量属于主观性指标。在实际使用时，要正确处理和使用客观指标和主观指标，根据需要选择其中的部分或全部指标进行测量，从而评价出不同水平教师知识图谱的特点、差异等。

问题四：如何基于量化数据对教师学科知识水平进行诊断、分析与指导？

在应用测量方法对教师学科知识进行测量后，可以采集到大量的数据。通过对这些数据进行统计、分析和诊断，可以帮助教师认识到自己的学科知识结构和水平，对自己的学科知识进行反思、调整和完善；对于教研员来说，使用知识图谱，可以了解教师的学科知识结构，诊断其缺陷并提出改进策略。

一、测试数据采集

针对初中数学中的“三角形”这个主题，5 位参与测试的教师绘制了知识图谱。按照知识图谱评价量规进行测量统计后的数据采集情况如表 3–5 所示。

表 3-5 教师知识图谱数据采集情况

评价指标	教师 1	教师 2	教师 3	教师 4	教师 5
概念	18	20	15	30	42
连接	24	22	19	37	39
分支	8	4	5	7	5
等级层次	5	5	0	5	5
交叉连接	7	5	6	7	7
实例	3	11	1	4	18
概念识别	14	18	12	29	42
关系	5	5	3	5	5
个性化	3	3	2	4	5

二、对量化数据的可视化分析

根据 5 位教师的量化数据生成可视化的图表（如图 3–5 所示），进行可视化的分析。从图表中可以看出教师 5 的知识结构清晰，内容详细准确，能够展现“三角形”中具体概念的关系和逻辑。而对于教师 3 来说，其列出的概念较少，而且概念之间的层次等级和交叉连接也较少，说明该教师对于“三角形”概念的认识不清，对于概念之间的关系理解不准。从内容上看，5 位教师对于概念的识别、关系的表述、个性化方面也有所不同，说明不同教师对于“三角形”知识概念的理解层次和能力均有所不同。

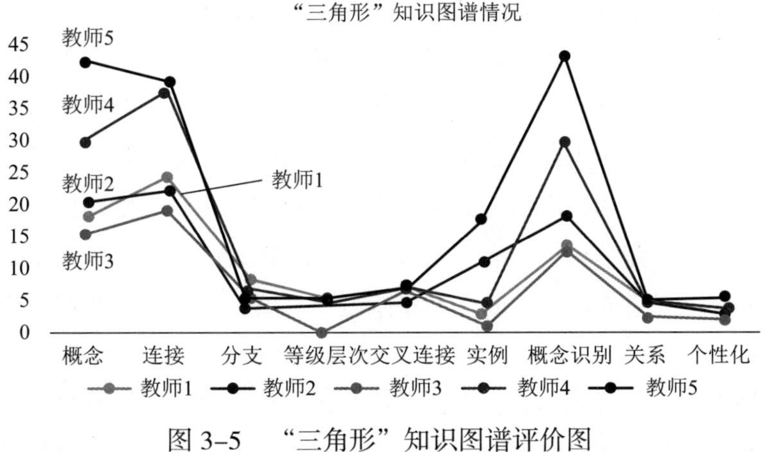

图 3–5 "三角形"知识图谱评价图

三、利用量化数据对教师进行诊断与指导

作为教研员，可以根据量化数据的统计与分析，诊断教师的学科知识结构和水平，并提出个性化指导。

例如，对 50 位初中生物教师学科知识测试的分数进行数据统计，可以用折线图显示，如图 3–6 所示。教师 7 在测试题 8 中的得分为 0。说明该教师实验设计能力较弱，需要在这方面加强研究和学习。为什么会出现这种情况？教研员需要借助访谈等方式与教师 7 进一步沟通，了解这位教师对这一测试题的理解和认识，分析问题产生的可能原因，找到解决的方法。

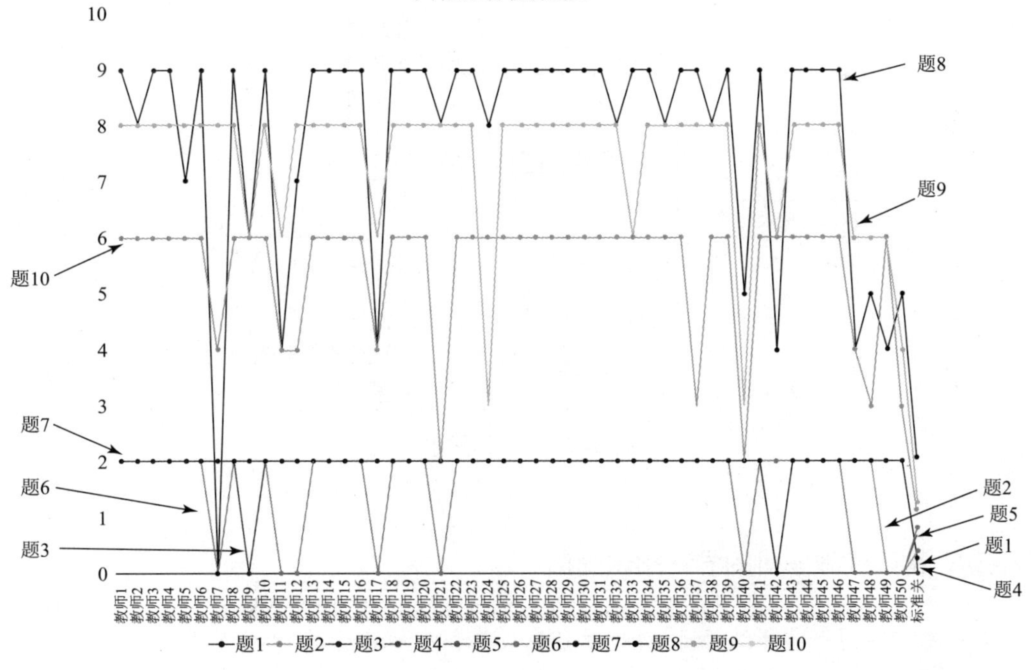

图 3–6 50 位初中生物教师学科知识测试数据折线图

学科知识不是一门学科的概念、事实等内容的简单排列和堆砌，其中蕴含着知识内容、学科思想方法以及学科情感观念等。教研员在对教师进行指导时，首先要帮助教师认识到学科知识是一个丰富的知识体系。教师不仅要了解和掌握教材知识，还应该关联与学科知识有关的客观世界；要有意识地了解学科相关领域的知识，并根据学科的逻辑进行横向和纵向的联系，形成个体的知识网络。其次，要引导教师明确学科知识产生的背景和来源、学科发展的脉络，要探究学科思想和方法等。还要帮助教师认识到学科知识是一个动态发展的过程，学科知识要适应社会、时代和学生发展需要，不能墨守陈规，要不断寻找学科知识的意义和价值。

学科知识是学科教学的基础，教师的学科知识将影响教学行为及学生的学习效果。客观、科学地测量教师学科知识水平，及时诊断存在的问题，并提供有效指导，将为教师的专业成长提供动力和支撑。

本章内容小结

本章我们了解了学科知识、学科教学知识的内涵以及学科知识图谱的特点和作用（知识检查点 3-1、3-2），了解了对教师学科知识掌握情况进行检测的方法（知识检查点 3-3）。对教师的学科知识水平进行了数据量化（能力里程碑 3-1），能够根据数据分析对教师学科知识的改进进行教研指导（能力里程碑 3-2）。本章内容的思维导图，如图 3-7 所示。

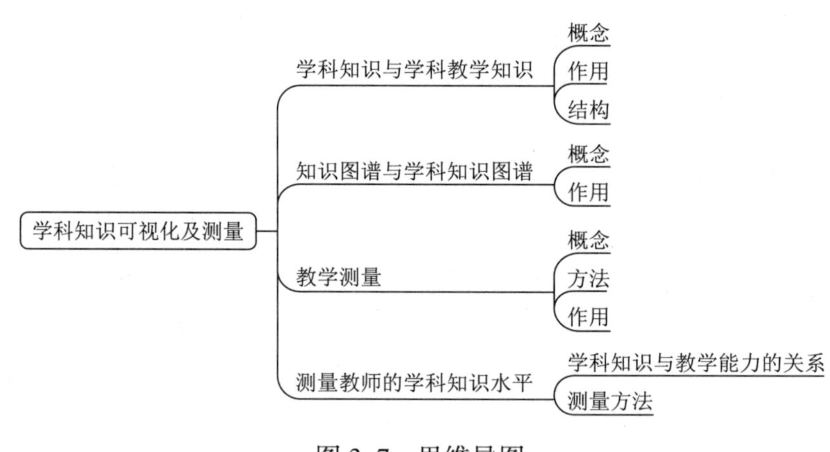

图 3-7　思维导图

自主活动：构建任教学科的学科知识图谱

请学习者在学习完本章内容后，进行自我反思，并记录个人学习心得。

小组活动：比较测试题与学科知识图谱这两种测量方法

请学习者围绕本章的学习主题进行组内交流，并做好小组学习记录。

自我评价：评价本章知识与能力学习水平

一、名词解释

学科知识（知识检查点 3-1）

教学测量（知识检查点 3-3）

二、简述题

1. 请说一说你对学科知识与学科教学知识的关系的理解（知识检查点 3-1）。

2. 有人认为，利用量化方式可以全面评价教师的学科知识水平。针对上述观点，你是怎么想的（知识检查点 3-3）？

3. 你对教师学科知识进行测量时，是否运用过学科知识图谱？如果考虑应用学科知识图谱来测量教师的学科知识掌握程度，应该如何构建评价指标（能力里程碑 3-1、3-2）？

三、实践项目

根据所在地区、所在学校以及任教学科特点，构建学科教师知识水平测量指标体系，并制订合理的基于数据量化的评价方案（知识检查点 3-1、3-2、3-3；能力里程碑 3-1、3-2）。

第四章　基于数据的教师教育科研能力教研指导

本章学习目标

在本章的学习中，要努力达到如下目标：

◆ 了解教师教育科研能力的内涵（知识检查点 4-1）。

◆ 能够对教育科研数据进行采集并分析（能力里程碑 4-1）。

◆ 能够通过教育科研改进教学（能力里程碑 4-2）。

本章核心问题

如何基于数据对教师个体进行教育科研指导？

本章内容结构

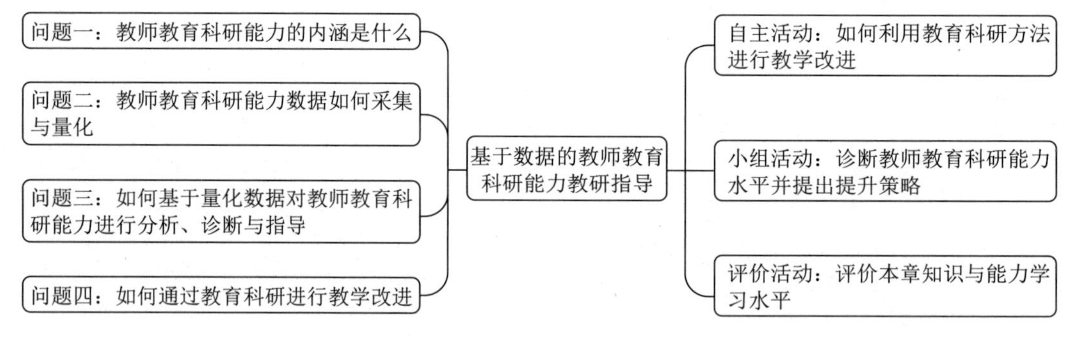

引　言

苏霍姆林斯基曾经对校长们说过：“如果你想使教育工作给教师带来欢乐，使每天的上课不至于变成单调乏味的苦差，那就请你把每位教师引上进行研究的幸福之路吧。”谁能感到自己是在进行研究，谁就会更快地成为教育工作的能手。

对于教师教学研究，《幼儿园教师专业标准（试行）》《小学教师专业标准（试行）》《中学教师专业标准（试行）》中均强调能力为重。强调要研究学生，要遵循学生的成长规律，提升教育教学工作专业化水平；要坚持实践、反思，再实践、再反思，不断提高专业能力。实践证明，教师的教学研究能力和水平决定着教师专业素养的高低。

当前，教育数据在教育科研和教育决策中愈加受到重视。借助有效的教育科研方法，对教育教学中的数据进行采集并诊断，帮助教师发现教育教学中的问题，实现基于数据的课堂教学改进，促进学生核心素养的发展。

问题一：教师教育科研能力的内涵是什么？

一、教育科研

教育科研是教育科学研究的简称，是一种教育研究活动。教育科研是运用科学的方法，有意识、有目的、有计划地用教育理论去分析教育现象，探索新的未知规律，以解决新问题、应对新情况的探索活动。具体来说，教育科研就是通过研究发现教育教学的规律和本质，从而指导教育教学实践。

对于中小学教师来说，教育科研是以中小学教师自身作为研究主体，用科学的理论和方法改进教学实践的一种系统性活动，目的是解决教育教学中遇到的问题。中小学教师教育科研的表现形式包括课题研究、论文、研究课等。

随着基础教育课程改革的深入推进，以及教师专业发展的内在需求，教师被赋予“研究者”的角色，教师要不断提升教育科研水平。反过来，教育科研对教师教育教学及专业发展也具有积极的促进作用。在教学中运用科学的方法进行研究、收集数据、得出结论、提炼观点，有助于改进教师的教育教学行为，提高教育教学质量。因此，研究也成为开展教育教学实践的基础。

二、教育科研能力

教育科研能力是教师自觉运用教育教学理论、科研知识和方法，探索解决实践问题，验证相关教育假设的能力。教师的教育科研能力是构成教师专业能力的重要组成部分。《中学教师专业标准（试行）》中提出，教师专业能力包含“主动收集、分析相关信息，不断进行反思，改进教育教学工作。针对教育教学工作中的现实需要与问题，进行探索和研究。”强调了对教师教育科研能力的专业要求。

培养教师的教育科研能力是教师专业化发展的重要内容，同时也是实现教师专业化的重要途径之一。对于一线教师来说，要想做好教育科研工作，仅凭满腔热情是不够的，还应该具备基本的教育科研能力。辽宁师范大学杨丽珠认为，在教育科研领域，教育科研能力是指教师承担和完成课题研究所必备的各种能力。当前，普遍认为教师教育能力主要由选题论证能力、方案设计能力、研究操作能力、研究成果撰写能力四部分构成，如图 4–1 所示。具体来说，教师教育科研能力体现了对于教育科研问题的发现、研究及得出研究成果的全过程。教育科研流程包括发现问题、确定科研课题、查阅文献、设计方案、实施方案、收集整理资料、撰写教科研成果、使用教科研成果，如图 4–2 所示，教育科研能力渗透在教育科研实施的每个环节中。

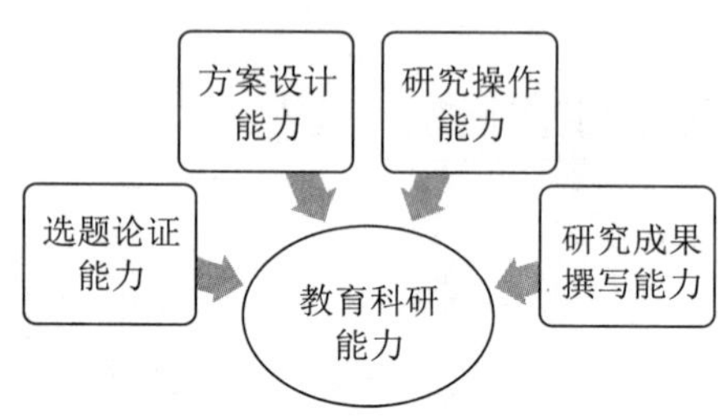

图 4–1　教育科研能力构成

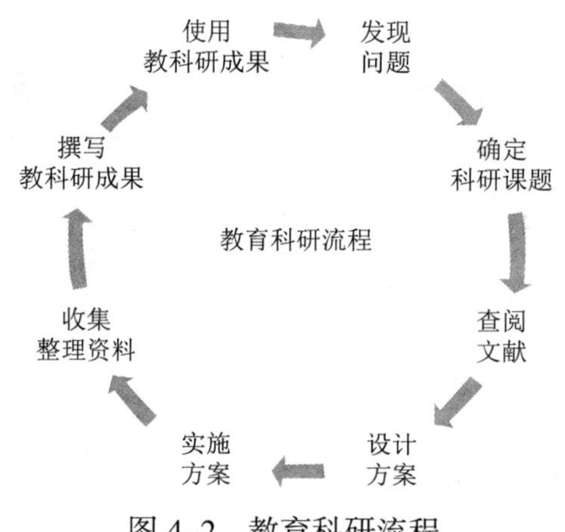

图 4–2　教育科研流程

教育科研能力是一种高级的、来源于教育实践而又有所超越和升华的创新能力。教师较强的教育科研能力通常表现为较强的科研意识，能够准确地选定课题和研究对象，熟练运用合适的方法与手段，有效地探索教育教学规律，科学、规范地表达研究成果的能力。

理论导学

教师从事教育科研工作，除具备发现问题、调查研究、信息处理、文字表达、应用现代教育技术手段等能力外，还必须具备开展教育科研的专业能力：选题论证能力、方案设计能力、研究操作能力、研究成果撰写能力。

- 选题论证能力。好的选题是成功的一半。实践证明，初中教师从事教育科研，有着得天独厚的优势，那就是来自第一线的实践经验。教师要紧密结合自己的教育实践去发现问题，选取有实际意义的课题开展研究。
- 方案设计能力。教师要在课题研究中阐明课题研究的范围、对象，课题的假设，研究方法的选择，方案的设计等内容。这是课题研究的总体谋划，必须精心设计，以保证课题研究的落实。
- 研究操作能力。这是课题研究的重点能力。在此阶段，教师要运用科学研究的方法，获取研究对象的事实材料，并做好研究前的准备工作和研究时的管理工作，从而确保课题研究的质量。
- 研究成果撰写能力。对于在研究过程中收集到的各种资料和数据，教师要勤于分类整理，善于分析，不断思考，从而使研究结论真正符合客观实际，并根据研究结论完成科研报告。

——摘自：黄东《初中教师科研素质的发展策略研究》

问题二：教师教育科研能力数据如何采集与量化？

基础教育课程改革和教师专业化发展赋予了教师“研究者”的角色。既要求教师不断提升教育科研素养以适应教学改革的需要，也需要通过教育科学研究提升教师教育科研素养，以促进教师专业发展。因此，了解教师教育科研能力水平，既有利于教师认识自身的教育科研能力现状，促进教师自身专业发展；也有利于教研员了解整体教师队伍的教育科研能力水平，为教师专业发展提供有效指导和引领。

教师教育科研能力测量：教师教育科研能力具有丰富的形式和内涵，表现为教师参与课题研究、论文、研究课等教育科研实践活动的过程与成果。通过有效的测量方法，如问卷调查、个人访谈、评价量规等方式可以测量教师教育科研能力水平。

一、利用问卷调查法测量教师教育科研能力水平

根据教育科研能力的内涵，针对教师参与教育科研活动的主要表现进行问卷调查，从中衡量教师的选题论证能力、方案设计能力、研究操作能力、研究成果撰写能力等。

利用问卷调查测量教师教育科研能力的基本步骤如下。

1. 设计调查问卷

调查问卷的题目主要围绕教育科研能力的组成设计，可以从教科研现状、选题论证、方案设计、研究实践、研究成果撰写等维度进行问题设计。

比如，针对面向某区域骨干教师教育科研能力现状的调研，进行以下问卷设计，如表4–1所示。

表 4-1　某区域骨干教师教育科研能力问卷设计

一级指标	二级指标	测量内容
教育科研成果	主持或参与课题研究级别	主持或参与国家级、市级、区级、校级课题研究
	发表或获奖教育教学论文	在相关刊物发表论文，或者论文在国家级、市级、区级、校级评比中获奖
	编写论著（本专业）	本人专著或者与其他人合著
	编写教材（含教参）	参加国家级、市级、区级、校级教材（教参）编写并出版
教育科研能力表现	选题论证	发现教育教学中的研究问题
	方案设计	收集、分析研究资料 查阅、使用文献 确定研究方法
	研究实践	制定研究计划 选择、设计研究工具 整理、统计研究数据
	研究成果撰写	撰写学术论文、研究报告等

2. 编制调查问卷测量题目

根据教师教育科研能力问卷设计，编写相应的题目，经过试测后进行修改完善，最终编制出《某区域骨干教师教育科研能力调查问卷》。

某区域骨干教师教育科研能力调查问卷

尊敬的老师：

下面为教师教育科研能力调查问卷，请您如实进行问卷填写！您的回答将为有效开展教师教育科研能力培养工作提供依据。本次调查采用不记名方式，其中的信息仅供研究分析使用，有关个人信息会绝对保密，感谢您的理解与支持！

填写说明：请结合您的实际情况填写，或在相应标号上打“√”。若无特殊说明，均为单选。

基本信息

1. 您的性别：

A. 男　B. 女

2. 您的年龄：

A. 35 岁及以下　B. 36 ～ 45 岁　C. 45 岁以上

3. 您的职称：

A. 初级教师　B. 中级教师　C. 高级教师　D. 正高级教师

4. 您的学历：

A. 本科　B. 硕士研究生　C. 博士研究生　D. 其他

5. 您的任教学段：

A. 小学　B. 初中　C. 高中　D. 其他

教育科研成果现状

6. 近三年里，您共发表学术论文数量及论文获奖情况。

国家级：A. 没有　B.1 篇　C.2 篇　D.3 篇　E.4 篇及以上（　　）

市　级：A. 没有　B.1 篇　C.2 篇　D.3 篇　E.4 篇及以上（　　）

区　级：A. 没有　B.1 篇　C.2 篇　D.3 篇　E.4 篇及以上（　　）

校　级：A. 没有　B.1 篇　C.2 篇　D.3 篇　E.4 篇及以上（　　）

7. 近三年里，您主持或参加课题情况。

国家级：A. 没有　B.1 个　C.2 个及以上（　　）

市　级：A. 没有　B.1 个　C.2 个及以上（　　）

区　级：A. 没有　B.1 个　C.2 个及以上（　　）

校　级：A. 没有　B.1 个　C.2 个及以上（　　）

教育科研能力水平

8. 您认为自己的教育科研能力水平处在哪个阶段？（　　）

A. 较高，可以负责开展各种教育科研工作

B. 一般，可以参与一般的教育科研工作

C. 低，难以胜任教育科研工作

9. 若开展教育科研，您选择的课题主要来源于（　　）。

A. 个人兴趣　B. 教学实践　C. 热点探寻　D. 上级安排

10. 您在教学中是否发现过值得研究、总结并可能推广的教学经验（　　）。

A. 经常有　B. 偶尔有　C. 从来没有

11. 当您发现教学中存在一种共性问题时，您通常会（　　）。

A. 与同事进行探讨研究　B. 将其确定为一个研究课题

C. 顺其自然

12. 在上完一节课或进行了一个单元的教学后，您是否会进行教学反思？（　　）

A. 是，经常写教学反思　　B. 是，偶尔写教学反思

C. 是，在头脑中反思　　D. 没有反思

13. 您对常用的教育科研方法是否熟悉？（　　）

A. 十分了解　　B. 基本了解　　C. 知道一点　　D. 基本不了解

14. 您最常用的教育研究方法是（　　）。

A. 观察法　　B. 文献分析法　　C. 经验总结法　　D. 调查法

E. 教育实验法　　F. 个案研究法　　G. 行动研究

15. 当您需要测量问卷的信效度时，您会选择以下哪一个软件？（　　）

A. Word　　B.Spss　　C. Excel　　D. Mind Manager

16. 在教育科研中，您的调查数据来源于（　　）。

A. 调查教学实践中的真实数据

B. 对教学实践中的真实调查数据进行适当修改

C. 自行填写

17. 您认为教育科研成果最主要的形式是（　　）。

A. 论文　　B. 专著　　C. 研究报告　　D. 教学反思

E. 教学案例　　F. 课程资源　　G. 其他

18. 如果您有教育科研成果，您认为成果的主要形式是（　　）。（可多选）

A. 论文　　B. 专著　　C. 总结材料　　D. 其他

19. 您撰写过的论文类型是（　　）。（可多选）

A. 校内发表的个人经验总结　　B. 县级及以上交流的学术论文

C. 公开发表的论文　　D. 结合课题所写的实验报告

E. 没写过论文

20. 您认为教育科研花费时间最多的是（　　）。

A. 课题选定　　B. 收集资料

C. 研究过程　　D. 撰写论文

21. 在教育科研过程中，若遇到困难，您最常用的解决方式是（　　）。

A. 咨询同事　　B. 咨询教研员　　C. 寻求专家帮助　　D. 查找文献

E. 放弃

22. 若开展教育科研，您认为面临的最主要困难是（　　）。

A. 难以发现研究问题　　B. 没有掌握科研方法

C. 缺少理论支撑　　D. 缺乏论文写作技巧

E. 缺乏专业指导　　F. 缺乏研究共同体

G. 缺乏领导重视和支持　　H. 忙于教学　　I. 其他

23. 您最希望在后续的教育科研工作中获得（　　）

A. 观念更新　　B. 资金支持　　C. 专家指导　　D. 机构管理

E. 教师培训　　F. 其他

3. 发放调查问卷，并统计调查结果

通过纸质问卷发放或者互联网问卷调查工具，面向相关学科骨干教师进行问卷调查。

案例中主要对中小学劳动技术和通用技术学科的 55 位骨干教师进行问卷调查。参与调查人数为 55 人，有效问卷 55 份。统计得出研究对象的基本信息，如表 4–2 所示。

表 4-2　骨干教师基本信息

类别	项目	人数	比例
性别	男	18	32.7%
	女	37	67.3%
年龄	35 岁及以下	15	27.3%
	36 ~ 45 岁	23	41.8%
	45 岁以上	17	30.9%
职称	初级	1	1.8%
	中级	25	45.5%
	高级	29	52.7%
	正高级	0	0.0%
学历	本科	45	81.8%
	硕士研究生	9	16.4%
	博士研究生	1	1.8%
	其他	0	0%
学段	小学	15	27.3%
	初中	26	47.3%
	高中	14	25.4%
	其他	0	0%

55 位被调研对象近三年论文发表或获奖情况及课题参与情况，如图 4–3 所示。

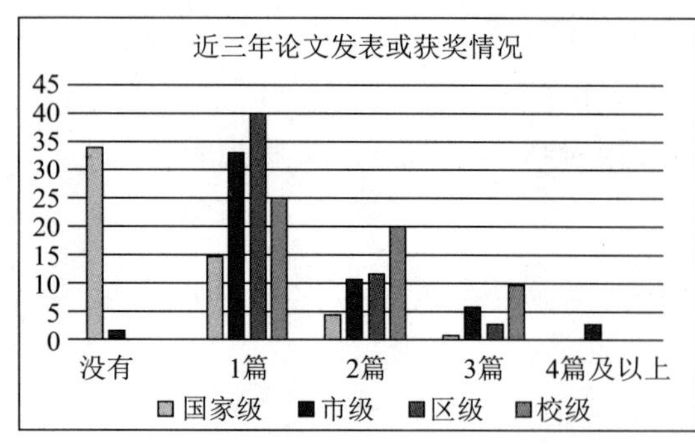

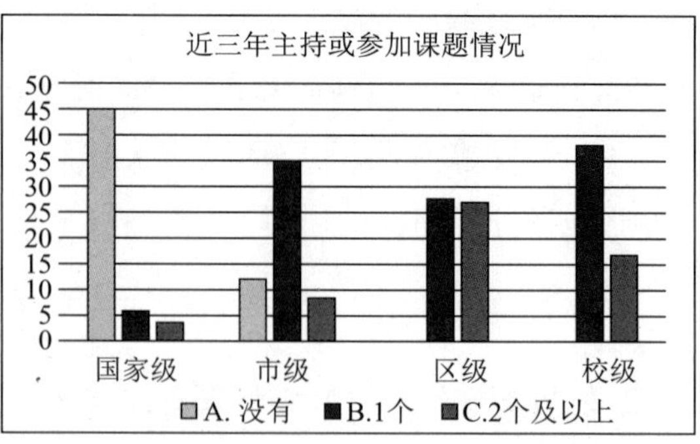

图 4–3　近三年发表论文及课题参与情况

问卷中的第 8 题至 23 题主要针对被调研对象的教育科研能力进行调查，统计数据如表 4–3 所示。数据显示了被调研对象在教育科研水平、教育科研课题选题、研究方法使用、研究过程实施，以及研究成果撰写等方面的主要表现。

表 4-3 骨干教师教育科研能力水平调查结果

8. 您认为自己的教育科研能力水平处在哪个阶段	A. 较高，可以负责开展各种教育科研工作	B. 一般，可以参与一般的教育科研工作	C. 低，难以胜任教育科研工作			
	23.6%	72.7%	3.7%			
9. 若开展教育科研，您选择的课题主要来源于	A. 个人兴趣	B. 教学实践	C. 热点探寻	D. 上级安排		
	3.6%	78.2%	14.6%	3.6%		
10. 您在教学中是否发现过值得研究、总结并可能推广的教学经验	A. 经常有	B. 偶尔有	C. 从没有			
	56.4%	43.6%	0.0%			
11. 当您发现教学中存在一种共性问题时，您通常会	A. 与同事进行探讨研究	B. 将其确定为一个研究课题	C. 顺其自然			
	61.8%	32.7%	5.5%			
12. 在上完一节课或进行了一个单元的教学后，您是否会进行教学反思	A. 是，经常写教学反思	B. 是，偶尔写教学反思	C. 是，在头脑中反思	D. 没有反思		
	40.0%	34.5%	25.5%	0.0%		

续表

13. 您对常用的教育科研方法是否熟悉	A. 十分了解	B. 基本了解	C. 知道一点	D. 基本不了解		
	29.1%	61.8%	9.1%	0.0%		
14. 您最常用的教育研究方法是	A. 观察法	B. 文献分析法	C. 经验总结法	D. 调查法		
	3.6%	0.0%	18.2%	20.0%		
	E. 教育实验法	F. 个案研究法	G. 行动研究			
	3.6%	7.3%	47.3%			
15. 当您需要测量问卷的信效度时，您会选择以下哪一个软件	A. Word	B. Spss	C. Excel	D. Mind Manager		
	0.0%	32.7%	67.3%	0.0%		
16. 在教育科研中，您的调查数据来源于	A. 调查教学实践中的真实数据	B. 对教学实践中的真实调查数据进行适当修改	C. 自行填写			
	90.9%	9.1%	0.0%			
17. 您认为教育科研成果最主要的形式是	A. 论文	B. 专著	C. 研究报告	D. 教学反思		
	60.0%	0.0%	21.8%	0.0%		
	E. 教学案例	F. 课程资源	G. 其他			
	5.5%	12.7%	0.0%			
18. 如果您有教育科研成果，您认为成果的主要形式是	A. 论文	B. 专著	C. 总结材料	D. 其他		
	96.4%	9.1%	34.5%	0.0%		
19. 您撰写过的论文类型是	A. 校内发表的个人经验总结	B. 县级及以上交流的学术论文	C. 公开发表的论文	D. 结合课题所写的实验报告	E. 没写过论文	
	0.0%	63.6%	72.7%	18.2%	0.0%	
20. 您认为教育科研花费时间最多的是	A. 课题选定	B. 收集资料	C. 研究过程	D. 撰写论文		
	34.5%	0.0%	3.7%	61.8%		

续表

21. 在教育科研过程中，若遇到困难，您最常用的解决方式是	A. 咨询同事	B. 咨询教研员	C. 寻求专家帮助	D. 查找文献	E. 放弃	
	7.3%	47.3%	27.2%	18.2%		
22. 若开展教育科研，您认为面临的主要困难是	A. 难以发现研究问题	B. 没有掌握科研方法	C. 缺少理论支撑	D. 缺乏论文写作技巧	E. 缺乏专业指导	
	16.4%	3.6%	9.1%	52.7%	0.0%	
	F. 缺乏研究共同体	G. 缺乏领导重视和支持	H. 忙于教学	I. 其他		
	0.0%	0.0%	18.2%	0.0%		
23. 您最希望在后续的教育科研工作中获得	A. 观念更新	B. 资金支持	C. 专家指导	D. 机构管理	E. 教师培训	F. 其他
	18.2%	9.1%	20.0%	0.0%	52.7%	0.0%

4. 分析调查数据，得出结论

通过分析调查数据，发现参与调研的骨干教师的教科研成果现状及教育科研能力现状主要存在以下表现。

第一，教师普遍具有一定的教育科研成果。大多数教师有论文在市级以上刊物发表或者获奖；大部分教师参与过市区级课题研究。说明参与调研的骨干教师在近三年内注重教育科研成果的积累，具有一定的教育科研成果提炼和撰写能力。

第二，教师认为自身具有一定的教育科研能力。从数据上可以看出，能够参与和承担课题研究的教师所占的比例，恰与针对教育科研成果的调研数据相吻合，说明这些骨干教师普遍具有一定的教育科研能力。

第三，教师具有比较强的课题研究意识，能够从教学实践中发现要研究的问题，能够基于教育教学中发现的共性问题与同事进行研究并进一步生成研究课题，能够针对教学进行及时反思和梳理。调研题目 9 至 12 的结果显示，大部分骨干教师的课题来源于教学实践，符合教师进行教育科研课题研究的目的和需求。

第四，教师对于教育科研方法比较了解。有 47.3% 的教师认为行动研究是最常用的教育科研方法。90.9% 的教师认为对教育科研方法十分了解和基本了解。67.3% 的教师通常会使用 Excel 软件进行数据处理。

第五，教师认为教育科研的数据要来源于真实的教学实践。有 90.9% 的教师认为要基于实证开展教育科学研究。

第六，教师认为在教育科研过程中的主要成果形式是论文。大部分教师认为教育科研过程中面临的主要问题是撰写论文。数据显示，61.8% 的教师认为撰写论文花费时间最多，52.7% 的教师认为缺乏论文写作技巧。说明骨干教师在教育科研能力上更加关注教育科研成果的梳理和撰写。

第七，教师在教育科研过程中遇到困难时希望能够得到指导、帮助和培训。教师在教育科研过程中解决困难最常用的方式是咨询教研员，占比 47.3%，说明教师更加关注基于教学实践的研究，希望针对课程教学中的问题与教研员深入沟通。另外，教师也希望能够得到比较系统的教育科研培训，52.7% 的教师希望能够在后续的教师培训中有专门针对教育科研能力提升的培训。

二、编制教师教育科研能力评价量表

根据需要测量的信息，编制教师教育科研能力评价量表是当前针对教师教育科研能力进行评价的另外一种有效方式。可以从教师教育科研成果表现，以及教师教育科研能力特征两方面进行评价。

针对教师教育科研成果表现，通常会考虑国家对各级教师专业标准的要求，再结合各地区的实际情况，同时借鉴国内外科研评价的经验，并结合当前评价教师教育科研成果的一般性做法，建立相应的教师教育科研成果评价指标体系，将教师教育科研业绩考核指标大致分为科研项目、学术论文、著作、教材等方面，在这种指标体系中，考核指标是教育科研业绩的具体表现，如表 4–4 所示。

表 4-4 教师教育科研成果评价量表

类别	评价内容	量化分值	备注
近三年内承担或参与教科研情况	国家级（主持 10 分、核心成员 8 分）	10/8	
	市级（主持 9 分、核心成员 7 分）	9/7	
	区级（主持 7 分、核心成员 5 分）	7/5	
	校级（主持 5 分、核心成员 4 分）	5/4	
近三年内发表或获奖的教育教学论文（区级以上正式刊物）	国家级	10	
	市级	9	
	区级	7	
	校级	3	

续表

类别	评价内容	量化分值	备注
近三年出版论著（本专业）	本人出版的专著	10	
	合著、编著	8	
近三年出版教材（含教参）	国家级	10	
	市级	9	
	区级	7	
	校级	4	

通过赋予适当的分值，可以对教师教育科研能力的显性表现进行量化，从而反映出教师的教育科研能力和水平。

针对教师教育科研能力特征，可以参考李克特量表，编制教师教育科研能力自我评价量表，如表 4–5 所示，从参与教育科研工作的动机、品质、知识技能、思维水平等角度测量教师的教育科研能力水平。

表 4-5　教师教育科研能力自我评价量表

序号	测量指标（在相应选项后打 √）	完全符合(5分)	较多符合（4分）	符合（3分）	有点符合（2分）	完全不符（1分）
1	教育科研工作成果常常能够得到同行的认可					
2	能做好大多数与教育教学相关的教育科研工作					
3	掌握教育理论知识和教育研究的方法					
4	能够较快地厘清自己的研究思路					
5	能够较容易地把握研究材料中的逻辑结构					
6	具有较强的信息检索能力					
7	能够对获得的材料进行较好的处理和加工					
8	具有很强的教学反思与行动研究能力					
9	拥有撰写学术论文的能力					
10	课题论文或研究报告逻辑清晰且语言得当					

续表

序号	测量指标（在相应选项后打√）	完全符合（5分）	较多符合（4分）	符合（3分）	有点符合（2分）	完全不符（1分）
11	能发现教育教学中的研究问题					
12	能从新的角度来分析和解决教育教学中的问题					
13	能够达到研究预期的创新目标					
14	能坚持运用科学方法解决遇到的难题					
15	能与他人进行合作研究					
16	能独立地进行教育科学研究					
17	能克服困难，较好地完成科研任务					

在实际进行教师教育科研能力测量时，可以将问卷调查与评价量表有效结合，以保证测量结果更加客观、具体。

问题三：如何基于量化数据对教师教育科研能力进行分析、诊断与指导？

大数据时代，教育实证研究已经处于我国教育研究的核心地位，教育数据可有效提升教育研究的科学性和教育决策的精确性。通过对教育科研过程和成果的数据采集与诊断，将有助于更好地了解教师教育科研的意识、教育科研的参与程度、教育科研的动机、教育科研的定位、教育科研的形式与方法、教育科研的成果等。

因此，如何选择、采集和分析教育科研数据成为了解教师教育科研能力水平的关键步骤。

一、教育科研数据采集

教育科研数据采集是从获得科学结论的目的出发，由教育研究者有目的地收集相关的教育科研数据。

基于教师教育科研成果评价量表，对某校初中物理组教师进行教育科研成果数据采集并整理，得到如表 4–6 所示的教师教育科研业绩数据表。

表 4-6　某校初中物理组教师教育科研业绩数据表

序号	姓名	科研项目分	论文分	著作分	教材分	总分
1	教师 1	0	0	0	29	29
2	教师 2	50	44	0	0	94
3	教师 3	0	0	0	18	18
4	教师 4	0	230	24	14	268
5	教师 5	0	0	0	7	7
6	教师 6	10	0	0	20	30
7	教师 7	0	320	18	14	352
8	教师 8	0	0	0	7	7
9	教师 9	209	430	0	0	639
10	教师 10	85	170	48	39	342

二、教育科研数据分析、诊断与指导

将参与考核评价的 10 位教师的教育科研业绩数据制作成折线图，如图 4–5 所示，可以分析教师教育科研业绩数据的特征。

从图 4–4 可以看出，教师科研业绩数据分布不均匀，并且有部分科研项目的分值格外高，说明教师之间的科研业绩具有较大的差异性。同时，可以看出不同教师对于教育科研的关注点也有较大差异。比如，教师 10 在各项教育科研指标中均有较好的表现，而教师 9 在科研项目方面有突出的表现，教师 3、教师 5、教师 8 从总体上看，各项指标表现均不太理想，属于教育科研业绩评价指标均较低的教师群体。整体表明，该校初中物理教师团队教育科研能力水平差异较大。

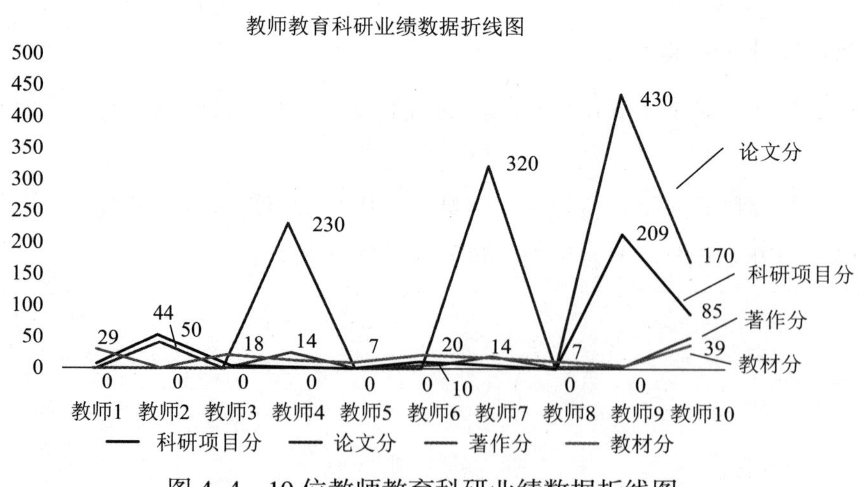

图 4–4　10 位教师教育科研业绩数据折线图

针对这种情况，从学校角度应该注重提升初中物理教师团队的整体科研水平。通过充分发挥优秀教师在不同科研指标方面的突出能力，使其在教育科研团队中发挥优势，从而提高整体科研水平；也可通过培训、学习、深造、激励等措施提升教师自身的教育科研能力。从个人角度教师要增强自身的教育科研意识、注重发现教育教学问题、注重教学实践活动的反思及梳理，主动探寻要研究的教育问题，以及开展研究实践。作为教研员，要帮助教师开展科学的教育教学研究，指导教师按照教育科学研究的过程开展教育教学研究实践。

拓展阅读

教育科研评估

教育科研评估通常是对参评单位的教育科研活动开展的水平、质量以及科研成果转化程度所作的动态评价，实质是运用教育评价的原理和技术，根据相应的教育目标，对教育科研管理、效能以及成果等因素进行价值判断。按照评价对象不同，可以分为学校教育科研评估、区域教育科研评估、教师教育科研评估等；按照评估的教育领域不同，可以分为高等教育科研评估、基础教育科研评估、职业教育科研评估等。

教育科研评估的目的是为每个参评单位评定科研质量等级提供可靠的绩效信息，并据此衡量参评单位的教育科研水平。

教育科研评估的程序通常包含以下几个步骤：确定评估单元（一般以学科门类为单位进行划分）、组建评估专家组（每个专家组与评估单元相对应，成员包括各研究协会、学术团体、专业机构的代表）、发布评估标准（公布其评估标准和工作方法的声明）、上报科研信息（包括教师信息、科研成果等定量和定性信息）、专家组评审（专家审阅评估材料、确定科研成果评定等级及科研质量的得分）、发布评估结果。表 4-7 所示为英国科研评估 2008 年科研成果质量等级及其标准。

表 4-7　英国科研评估 2008 年科研成果质量等级及其标准

级别	质量标准描述
4	该研究在创造性、重要性和精确性方面达到世界领先水平
3	该研究在创造性、重要性和精确性方面达到世界较高水平
2	该研究在创造性、重要性和精确性方面达到世界水平
1	该研究在创造性、重要性和精确性方面达到国家水平
无级别	该研究的质量尚达不到国家水平

教育科研评估不仅可以用于学校的教育科研水平评估，还可以用于教师科研工作任务完成情况、科研工作结果及产出情况评估。通过构建科学有效的教师科研绩效量化评价指标体系，可以发现教师的现有科研水平、优势及不足，利于有针对性地提升教师的科研能力和水平。

问题四：如何通过教育科研进行教学改进？

教学改进主要是对原有的教学过程进行反思，明确其合理性、创新性及存在的问题，并以此为参照设计新的教学方案，改进教学的过程。教学改进主要体现为能够主动收集和分析相关信息，不断进行反思，并用于教育教学工作改进。顾泠沅教授提出“基于课堂改进的教师在职学习是中国教师专业化发展的重要方面”。因此，教师参与教学改进工作体现了中小学、幼儿园教师专业标准中提出的教师要具备“反思与发展”专业能力的要求。

教学改进是基于反思的一种行动研究，是教师在教育教学中通过实践不断反思改进教学的过程。教学改进的目的是转变教学理念，提高教师教学专业知识，改进教师教学行为。

一、教学改进案例

下面以具体案例来说明教师发现教学中的主要问题并进行教学改进的过程。

教学改进案例：基于学习情境设计的技术教学对学生技术素养达成效果的研究。

背景

《普通高中通用技术课程标准（2017版）》明确提出，真实、具体的问题解决情境是学生学科核心素养形成和发展的重要载体，为学生核心素养形成提供了真实的表现机会。因此，教学中要强化基于技术实践的学习情境设计。某校通用技术教师针对课程标准中提出的“要强化基于技术实践的学习情境设计”提出了疑惑，“真实的学习情境是否会对学生的学习产生影响？是否会降低课堂学习效率？是否会造成学习内容无法按时完成？……”

研究过程

为对比实验效果，该教师选择了任教的两个班级作为实验班和对照班，在第二学期开展了“基于学习情境设计的技术教学对学生技术素养达成效果的研究”。实验班基于真实的学习情境开展技术学习，对照班则按照教材呈现的学习内容开展技术学习。教师分别统计了两个班在第一学期末和第二学期末考试成绩（如表 4–8 所示）及各项得分成绩（如表 4–9 所示）。

表 4-8　实验班和对照班学生测试成绩对比

测试名称	组别	平均分
高一上学期	实验班	84.36
	对照班	87.88
高一下学期	实验班	90.90
	对照班	86.35

表 4-9　实验班和对照班学生在测验中的各项得分情况

班级	学习水平	测试内容	试题分值	各项平均数	得分率
实验班	识记、应用	技术及其性质、设计过程、设计的交流	39	35.1	0.90
	理解、分析	结构与设计、流程与设计、系统与设计、控制与设计	45	41.4	0.92
	综合	设计过程、设计评价、结构与设计	16	14.4	0.90
对照班	识记、应用	技术及其性质、设计过程、设计的交流	39	33.15	0.85
	理解、分析	结构与设计、流程与设计、系统与设计、控制与设计	45	39.6	0.88
	综合	设计过程、设计评价、结构与设计	16	13.6	0.85

数据显示，第一学期实验班考试成绩略低于对照班，第二学期实验班考试成绩明显提升，并且高于对照班学生。经过一学期的学习，实验班学生在识记应用、理解分析、综合应用方面的成绩均高于对照班学生。显示出，基于学习情境的技术学习对于学生的学科核心知识和关键能力培养均有一定的支持作用。

为了了解学习情境对学生学习态度、学习兴趣的影响，教师进行了问卷调查，并根据调查问卷生成了分析图，如图 4–5 所示。大部分学生很喜欢基于学习情境的技术学习，他们认为，学习情境提供了真实的技术表现机会，学习情境与学习内容关联程度紧密，学习任务有意义。因此，基于学习情境的技术学习提高了学生技术学习的兴趣与积极性，有助于学生学科核心素养的养成和发展。

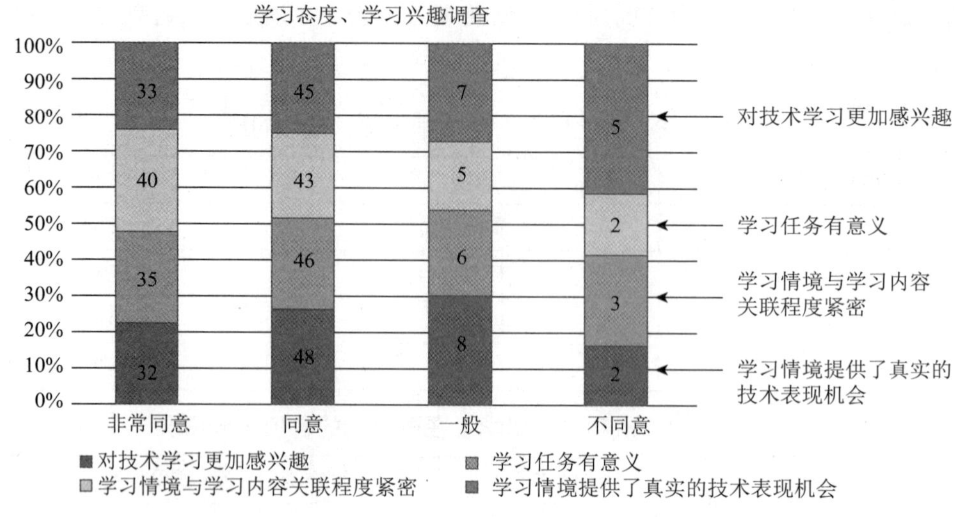

图 4–5　基于情境的技术学习态度和兴趣数据图

研究结论

数据显示，开展基于真实的学习情境的技术学习，有利于学生保持技术学习的兴趣，提升对技术的理解与运用、分析与综合能力。

该研究表明，在通用技术课程教学中，“强化基于技术实践的学习情境设计”，开展基于真实学习情境的教学，有助于学生形成和发展技术学科核心素养。

二、基于教育科学研究进行教学改进的过程

教学改进的出发点是发现教学中存在的问题。教学中的问题通常是教师在教学中遇到的困惑、矛盾。对于教师来说，教学改进本身就是基于反思的一种行动研究。行动研究是广大一线教师在教育研究中经常采取的一种研究方式，通过行动研究，可以不断修正教学行为，提升教师的专业化水平和能力。教师进行教学改进的过程，实质上就是开展教育科学研究的过程。

如何基于教育科学研究进行教学改进呢？

首先，教师能够根据教学改进需要解决的问题来选择合适的教育科研方法。

研究方法是扎根于研究问题之中的，研究问题的目的及性质决定了研究方法的选择和使用；只有选择了合适的研究方法，才能科学地解决研究问题。如针对“基于数据分析的课堂教学评价”研究，教师选择了观察法和问卷调查法。通过课堂现场观察和课后问卷调查相结合的方式，尝试将课后收集的统计数据和现场听课记录的教学行为进行比对，从中探寻教学行为与教学效果之间的联系，进而达到改进教学的目的。如针对学生课外补习与学生学业成绩相关性的研究，教师应该选择问卷调查法。

其次，要对教学改进过程和结果所产生的数据进行收集、分析和诊断。

运用教育科研方法进行教学改进的过程以及研究的结果，会产生大量的数据。通过对这些数据进行描述、聚类、预测等分析，可以找出影响师生教与学的隐藏因素，进一步找出问题产生的真实原因。通过对教育科研数据的收集、分析和诊断，既可以帮助教师明确教学改进方向，调整教学策略和方法，又有利于促进教师教育科研能力的提升。

随着基础教育课程改革的不断深化，教师能够以发展的眼光研究教学对象、教学内容，创造性地开展教育教学活动，这也是成为一名合格教师的必然要求。教师的教育科研活动主要是基于教育教学实践活动展开的。因此，教师的教育科研实践要关注教学设计、教学实施、教学反馈、师生交往的日常教育教学实践活动，要从教育教学实践活动中发现要研究的问题，开展教育科学研究实践，在实践中促进自身教育科研能力的提升，提高教师自身专业发展水平。

教学作为一种创新性劳动，只有以教育科研方法为支撑、以教学研究为依托才能不断深化和提高。作为教研员要做好专业引领，对教师在研究过程中普遍存在的困惑和问题要给予相应的指导和培训，帮助教师“在做中学，在学中研”，帮助教师做好教育科研工作。

小结

本章我们了解了教师教育科研能力的内涵（知识检查点 4-1），学习了如何对教育科研数据进行采集与量化分析（能力里程碑 4-1），学习了如何通过教育科研改进教学（能力里程碑 4-2）。本章内容的思维导图如图 4-6 所示。

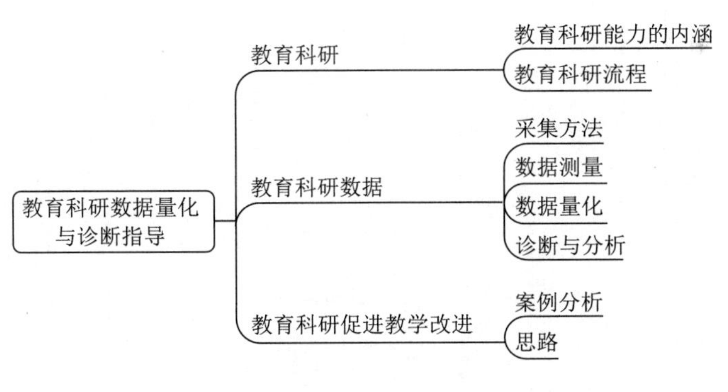

图 4-6 思维导图

自主活动：如何利用教育科研方法进行教学改进

请学习者在学习完本章内容后，进行自我反思，并记录个人学习心得。

小组活动：诊断教师教育科研能力水平并提出提升策略

请学习者围绕本章的学习主题进行组内交流，并做好小组学习记录。

自我评价：评价本章知识与能力学习水平

一、名词解释

教育科研能力（知识检查点 4-1）

二、简述题

1. 请说一说你对教师教育科研能力的理解（知识检查点 4-1）。

2. 有人认为，利用教育科研数据可以提升教师的教学能力和水平。针对上述看法，谈谈你的想法（知识检查点 4-1）。

3. 你在进行教学改进时，是否运用过教育科研方法？如果考虑通过教育科研来改进教学，应如何做呢（能力里程碑 4-1、4-2）？

三、实践项目

确定教学实践中需要进行改进的问题，针对相应的教育科研数据进行收集、分析，提出该教学改进问题的具体解决策略和建议（知识检查点 4-1；能力里程碑 4-1、4-2）。

第五章 基于数据的校本课程教研指导

本章学习目标

在本章的学习中，要努力达到如下目标：

◆ 掌握基于课程建设与实施的数据采集方法（知识检查点 5-1）。

◆ 能够通过数据分析正确认识校本课程（能力里程碑 5-1）。

◆ 掌握基于数据的校本课程评价方法（知识检查点 5-2）。

◆ 能够借助教研场景促进校本课程建设（能力里程碑 5-2）。

本章核心问题

如何理解校本课程的地位？如何借助教研场景进行校本课程的建设？如何收集评价数据？

本章内容结构

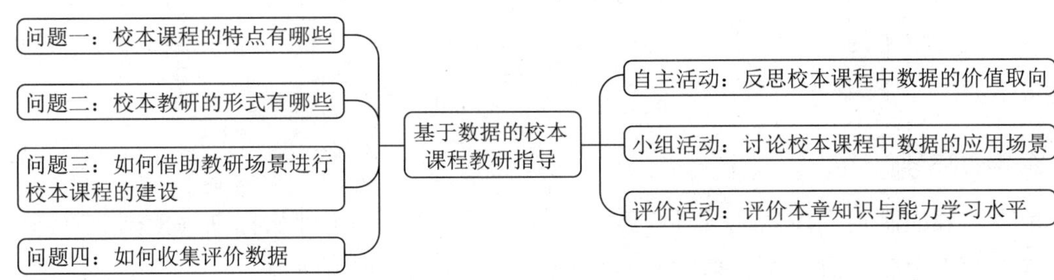

引　言

对每一位教师而言，参与校本课程的建设与实施是自身专业发展的契机。在校本课程的建设与实施中，既能更新教学观念、转变教学理念，又能形成课程意识，提高课程的开发与研究能力，最终加快专业成长。

问题一：校本课程的特点有哪些?

当前，学校课程由国家课程、地方课程和校本课程组成，如图 5-1 所示。作为国家课程计划之一的校本课程，与其他两个课程的关系是怎样的？国家为什么要设置校本课程？校本课程的特点有哪些呢？

图 5-1　学校课程的组成

一、国家课程、地方课程和校本课程

1999 年启动的基础教育课程改革中，国家提出实行国家、地方和学校三级课程管理制度，其中，地方课程和学校课程占总课时数的 10% ~ 12%。2001 年，教育部颁发的《基础教育课程改革纲要（试行）》中提到："改变课程管理过于集中的状况，实行国家、地方、学校三级课程管理，增强课程对地方、学校及学生的适应性。"

1. 国家课程

国家课程的制定主体是国家教育行政部门。它以体现国家意志为主导价值，是国家基础教育课程计划中的主体部分，涵盖的课程门类和所占课时比例与地方课程和校本课程相比是最多的。

2. 地方课程

地方课程的制定主体是地方各级教育主管部门。它以国家课程标准为依据，以满足地方发展需求为主导价值，充分利用地方资源开发、设计和实施课程。

3. 校本课程

校本课程是以学校为本位，在实施国家课程和地方课程的前提下，利用校内外现有的各种资源所开发的可供学生选择的课程。

拓展阅读

学校在执行国家课程和地方课程的同时，应视当地社会、经济发展的具体情况，结合本校的传统和优势、学生的兴趣和需要，开发和选用适合本校的课程。

——摘自教育部《基础教育课程改革纲要（试行）》2001.7

二、校本课程的地位

虽然国家课程、地方课程和校本课程有着共同的培养目标，但相对于国家课程和地方课程而言，校本课程是对二者的有力补充，它在国家课程标准的统一指导下，从尊重地方差异和学生个性差异的角度出发，发挥学校和教师的特长，进行课程开发。

校本课程是新课改的产物，它以学生的需求为导向，同时，在课程开发的过程中，教师的专业发展也得到了有效促进。

三、校本课程的特点及能力目标

1. 特点：补充性、差异性、独特性。

（1）补充性

校本课程的建设与实施是国家课程和地方课程的必要补充，它与国家课程和地方课程相辅相成，各自发挥优势，形成一个完善的课程体系，如图 5–2 所示。

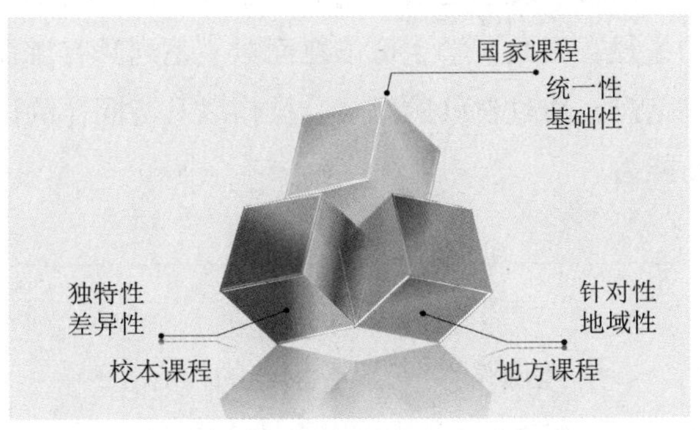

图 5–2 三级课程各自的优势

由此可以看出，校本课程实现了对国家课程、地方课程的有力补充和延伸，丰富了课程的结构和内容。

（2）差异性

差异性反映在两个方面：一方面是地方和学校的需求差异；另一方面是学生学习需求

的差异。

对学校而言，在校本课程的开发过程中，学校利用各自的资源优势自主规划，形成本校特色。

而相对学生学习需求而言，校本课程在建设与实施过程中，可以从学校、教师、社区等不同角度体现对学生个性发展的关注与重视。

校本课程表面上是“以校为本”，其背后折射的却是“以人为本”，也就是说，在强调学生全面发展的同时，关注学生个性发展。意识到学生的差异性，注重个别指导，尽可能满足学生的不同需要，提供差异性教育。

（3）独特性

由于各校的办学理念、教师资源和社区力量等各种资源不尽相同，因此，校本课程的独特性在校际之间得以充分体现。同时，校本课程也为学生提供张扬个性的条件，学生在按需选取课程的情况下，逐渐形成了自身具有独特性的个性化课程。

2. 能力目标

鉴于校本课程的特点，其对学生的能力培养注重如下三个方面。

（1）实践能力

校本课程多以体验型、表现型、实践型和操作型等为课程形式，以实践学习为主要特征。学生通过调查研究、讨论探究等一系列体验活动，分析、发现和解决问题，通过“做中学”，积累经验，从而自主建构知识，发展实践能力。

（2）创新能力

创新精神是校本课程的核心理念之一，正是由于校本课程给学生充分提供动手实践、自主探索和合作交流的途径，因此，学生可以在面对一系列具有挑战性的问题或任务时，收集、整理和处理各种信息，通过自己的思考、操作以及与同伴的讨论解决问题，进而凸显创新精神，培养创新能力。

理论导学

创新能力是核心素养的核心

要发展核心素养，首先要对核心素养有正确认知。第一，培养学生核心素养的目的是应对 21 世纪的挑战。第二，核心素养的培育是针对全体国民，并不只是学生。第三，核心素养是共同素养，不是职业素养。第四，核心素养是关键少数素养，不是全面、综合素养。第五，核心素养是高级素养，不是基础素养。第六，核心素养是行为素养、行为能力，是知识、技能、态度的整合与超越。简单地说，就是做事的能力，而非做题的能力。

既然核心素养是高级素养，那么高级素养又包括哪些内容呢？在综合了几十个国家的核心素养框架之后，我们总结出最能代表核心素养的六个要素：①创新能力；②批判思维；③公民素养；④合作与交流能力；⑤自我发展素养；⑥信息素养。

当我们用外在行为来概括这六种素养的同时还要明确其背后对应的精神实质，如创新精神、科学精神、民主法治精神、合作精神等等。这些精神恰恰是我们国家特别需要的。这六个要素中，前两个是高级认知能力，第三与第四个是人与人之间的关系，第五个是与自身的关系，第六个是信息时代所必需的技能。有了这些素养，便可以游刃有余地应对未来的各种挑战。

对比美国，在 11 种核心素养中确定 4 种“超级素养”，我们同样可以将上述六个要素进一步浓缩，变成两大“超级素养”，即创新能力与合作能力，分别对应于聪明的脑和温暖的心。

其中，创新能力是一种综合性、涵盖性很强的核心素养，可以把批判思维（理性思维、批判质疑、问题解决能力等）、自主发展素养包括在内，甚至还可以把合作与交流能力、信息素养整合起来。因此，创新能力或者说创造性是人作为有理性、有思维的动物的本质体现，是个人发展与国家发展，以及提升国际竞争力的最重要的素养，是“核心素养的核心”，是核心素养宝塔顶尖上的明珠。

当下中国的教育，过于重视强化基础知识，过于重视记忆能力等这种低层次认知能力的发展，而忽视了最高级的认知能力，即创新能力的培养，而创新能力恰恰对中华民族的伟大复兴，对孩子们未来的成长至关重要。

——摘自“首届‘未来校长’（基础教育）实验班第三期课程”褚宏启教授讲话

（3）综合能力

校本课程的内容是综合性的，它往往会围绕某一个或多个结构化的主题内容，运用多学科的知识和方法，进行综合探究，从而帮助学生形成综合学习与实践的意识，掌握综合性的学习方法，形成综合能力。

问题二：校本教研的形式有哪些？

在教育教学中，学校会面临各种各样的问题，而这些问题也是教师们最为关切、急需解决的问题，因此，需要探讨如何通过校本教研的形式提高学校的教育教学质量。

一、校本教研

校本教研是“以校为本的教学研究”的简称，它是指为了提高学校的教育教学质量，从学校的实际出发，依托学校自身的资源优势和特色所进行的教育教学研究。

校本教研的基本特征是以校为本，强调围绕学校自身所遇到的问题开展研究。因此，学校是教学研究的基地，教师是教学研究的主体，教学中亟待解决的具体问题是研究对象，而促进师生共同发展是教学研究的直接目的。

二、校本教研的核心要素

教师个人的自我反思、教师集体的同伴互助、专业研究人员的专业引领构成了校本教研的核心要素。在内容上包括教学观念、教学行为和教学效果三个方面。

1. 自我反思

自我反思是教师与自我的对话，是开展校本研究的基础和前提，是校本教研最普遍和最基本的活动形式。

美国学者波斯纳（G.J.Posner）提出了一个教师成长公式：“成长 = 经验 + 反思”，这说明了教师的成长虽然需要一定的经验积累，但适时的反思不可或缺，需要将二者结合，才能得以成长，是否具有反思能力也是“教书匠”和“教师”的重要差别。

（1）教学反思能力

吴卫东在《教师的反思能力结构及其培养研究》一文中提到，教师的反思能力是指教师在职业活动中，把自我作为意识的对象，以及“在教学过程中，将教学活动本身作为意识的对象，不断地对自我及教学进行积极、主动的计划、检查、评价、反馈、控制和调节的能力。

（2）提升教学反思能力的方法

教学反思的方法众多，有教育日志、教育叙事、教育案例、行动研究等。这些方法无一不是以优化教学过程、促进学生的发展、升华教学经验为目的。

鉴于此，教研活动可以提供一个网络分享平台，组织教师在这个平台上撰写教育日志、教育叙事、教育案例等。目前，能够提供这种服务的平台有很多，如各种博客平台，也可以专门搭设一个平台，使用其中的“撰写教育日志”功能，增强互动，教师相互之间可以点赞和留言，以此就某位教师的观点进行深入探讨。

2. 同伴互助

同伴互助是指教师通过共同阅读与讨论、示范教学、系统的课堂观察与反馈等形式，彼此学习新的教学模式或改进既有教学策略，进而提升学生学习成效，达成教学目标的历程，因此，它是教师与同行的对话，关注教师的个人成长，关注群体的知识共建和共享，教师在活动中具有主动性，教师之间相互合作、共同成长。

同伴互助的实现途径可以是面对面的对话，也可以在网上的虚拟空间。其中，“在线实践社区”（Communities Of Practice，简称 COP）就是一个实现同伴互助的实践平台。如首都师范大学的王陆教授所研究的“靠谱 COP”，利用网络的时空特性，将看似松散的个体，凝聚在平台之中，群策群力，最终达到知识共享的目的。这种基于实践的社区形式，可以为对教师的专业发展提供一个良好的成长平台。

3. 专业引领

专业引领是利用专家或具有教学研究专长的人员的教学理论、先进教学理念、丰富教学经验引导一线教师专业发展的一种方式。专业引领的实质是理论对实践的指导，是理论与实践关系的重建。

一般而言，专业引领主要有学术专题报告、理论学习辅导讲座、教学现场指导以及教学专业咨询（座谈）等。

拓展阅读

思维整理工具——思维导图

终身学习是教师专业发展的必然选择。教师常需要聆听各类专家的报告、阅读各种书籍、学习某个课程等，在这些学习过程中，及时归纳和整理所学的内容是非常必要的，整理的方法有很多种，一种很有效的方法就是利用思维导图整理学习内容。

思维导图作为一种思维工具，在教师思维的发展上，尤其是对高级思维能力的发展，有着显著的促进作用。它的可视化特点，可以帮助人们整理思路，促进了教师个体的专业素质结构的完善，从而将教师的专业发展引向深入。

思维导图还可以帮助教师进行构思，激发灵感，如制订个人规划、撰写教学计划、撰写论文、进行备课等。

三、校本教研的网络支撑平台

网络支撑平台可以为教师的专业发展提供更为广阔的发展空间，它为专业引领、同伴互助和个体发展提供了环境支持，因此，它能够成为教师专业发展的有效途径和重要平台。本章以北京市西城区的“西城教育研修网”为例，如图 5-3 所示，介绍校本教研的网络支撑平台的建设。

图 5–3　西城教育研修网

1. 组成部分

网络支撑平台主要面向两个层面：一是隶属于教师个人的空间，可以称之为“个人工作室”；另一个是为不同的教研团队组建的交流空间，称之为“协作组”。前者为教师个人提供研究、管理的网上空间，如撰写教育日志、参与课题研究、进行资源管理、参与活动和了解圈子动态等。而后者以团队形式组建，团队成员共同分享资源、参与讨论和组织活动等。

所有的个人工作室和协作组构建成一个区域性学习共同体，教师在其中交流互动、主动参与，从而有效促进教师的专业发展。

2. 功能实现

该网络支撑平台的总体目标是促进教师专业发展，对教师而言，可以得到丰富的信息资源，更新自身的知识水平，提升教学能力；可以相互交流、探讨教学问题；还可以留下自身的成长轨迹。具体而言，该网络支撑平台能够实现如下功能。

（1）分享资源

教师可以在网络支撑平台中存储各种资源，如论文、教学设计、课件等相关的教学资源。进行专业引领时，教师可以下载专家讲座的学习资料，随时学习。区域内教师可上传、报送、下载资源，按需查找资源。总之，网络支撑平台应是教师们展示、交流各自资源的平台。

（2）专题讨论

网络支撑平台可建立一个或多个协作组，并由教研员负责管理。加入协作组的教师可以在协作组内参与专题讨论、召开同步会议，与同行甚至专家交流知识、共享资源，这样就为同伴互助策略的实施提供了便利。

（3）观看教学视频案例

网络支撑平台应设有“课堂教学视频案例”专区，便于教师进行课堂教学片段的讨论。教师可制作、上传和下载专区内的视频案例，并能检索和在线观看。

（4）撰写教育日志

网络支撑平台应具有撰写教育日志的功能，支持教师将教育教学中的问题或收获写成随笔发布到网上，与其他教师分享观点。

案例实施

请结合你学校的实际情况，撰写一个网络校本教研平台设计方案。该平台以“自我反思、同伴互助、专业引领”为核心，内容至少包括：①平台名称；②组成部分；③基本功能简述。

问题三：如何借助教研场景进行校本课程的建设？

校本课程若需要可持续发展，就应对课程的教学实践进行研究。那么，如何开展教研活动，有效促进校本课程的建设呢？

一、网络协同备课

网络协同备课是一种基于计算机技术和网络技术的集体备课方式。该备课方式可以打破时间与地域的限制，使得集体备课的形式更加灵活，避免了单兵独斗的情境，可以集思广益、取长补短，从而优化教学方案，提高教学质量。

1. 在线文档协作工具

在日常工作中，如果是多人协作完成一份教学设计，传统的做法是：一位教师主笔，先写一份初稿，其他教师分别在各自的电脑中修订文档，然后再将大家的修订意见整合。这种方式耗时、费力，容易出错。如今，信息技术的发展为教学带来了便利，如运用一些“在线文档协作平台”或“多人写作系统”，可以大大提升集体备课的效率。

2. 网络协同备课活动流程

网络协同备课是一种混合式校本教研方式，它将面对面交流和网络交流相结合，以此达到充分发挥集体智慧的作用。具体活动流程如表 5–1 所示。

表 5-1　网络协同备课活动流程

环节	内容	形式
活动准备	公布备课主题	网络
	研读教材、课标，并就其形成统一认识	面对面
文案撰写	以个人为单位，利用在线文档协作工具撰写教学设计	网络
文案讨论	浏览他人的教学设计，并跟帖发表意见或直接在教学设计上进行修改	网络
	集中讨论教学设计	面对面
文案生成	每位教师筛选相应的版本，生成本人的教学设计版本	网络

二、学术沙龙式教研

“学术”意味着严谨，而“沙龙”又带有轻松的成分，二者的结合将会展现一场轻松、自由的专题讨论会。在学术沙龙式教研活动中，参与其中的教师角色发生了变化，大家共同承担学习任务，共同承担责任，就某一个话题展开深入的讨论，畅所欲言、开阔思路、引发思考。

学术沙龙式教研活动适合那些没有定论、有争议，或需要进一步厘清思路的话题，大致涉及教学经验、教学观念、应用技巧等方面的讨论与交流。总之，教学中的困惑或待解决的问题，都可以作为学术沙龙的议题。

三、资源共建共享平台

基于网络环境的资源共建共享平台，在达到资源利用最大化的同时，还可以满足个性化发展的需求。当前，可以提供基于网络环境的资源网站众多，如博客、在线社区和教育网站等。

平台中的内容框架首先应考虑教师专业素质结构的发展需求，其中知识结构包括教育教学理论、基础理论知识、专业技术知识等，而教学能力结构包括教学设计能力、课堂掌控能力、教学反思能力、教学研究能力等。具体而言，内容构架应突出资源的交流和共享，真实地记录教师的成长轨迹。

四、课例研究

在课例研究中，教学设计、课堂观察技术、教学评价三者兼而有之，它是促进教师专业发展的行动教育范式。为了有效地促进教师的学习与研究，应从课例研究的流程和课堂观察量表的设计与使用两个方面来把握。

1. 课例研究的流程

一般来讲，课例研究的基本步骤为："三课两反思"，其具体流程如图 5-4 所示。

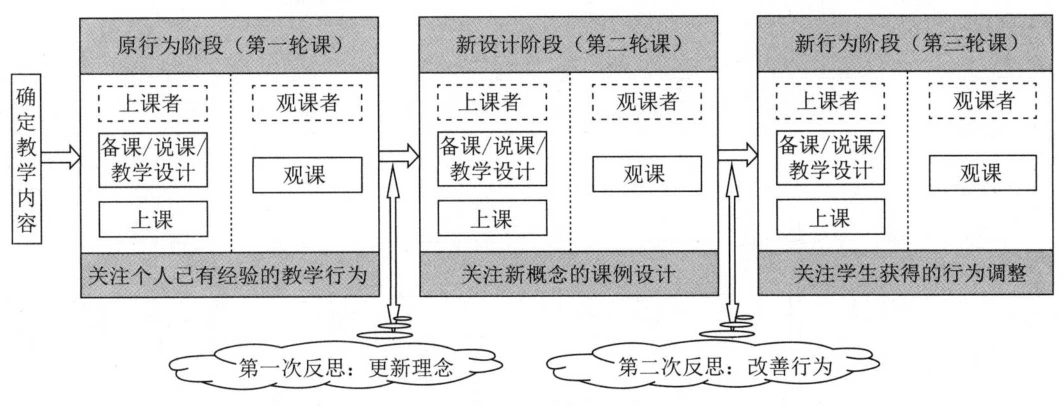

图 5-4　课例研究的流程

三轮课中，每一轮课都由专家、教研员和听课教师组成观课团队，使用一定的课堂观察技术，对授课教师的课进行记录，每一轮课之后，团队中的所有成员依据课堂观察结果展开讨论与反思，找出主要问题，形成改进意见。

在这样的"三课两反思"过程中，研究团队的每一位成员都能在不同层面得到收获。授课教师的教学逐渐得到改进；听课教师和教研员在与授课教师的不断切磋与碰撞中，对教育教学的规律产生了新的认识和感悟。因此，这是一个教师专业发展的历练，也是专业发展的良好途径。

2. 课堂观察量表的设计与使用方式

课例研究的量化特性尤为明显，其所采用的课堂观察量表在课例研究中承担着重要的角色，为研究团队的成员提供反思的依据。

也正是基于此，课堂观察量表的设计是一个关键因素。在以往的研究中，量表的设计容易呈现两种极端现象：一是条目过于琐碎，使得课堂被人为切分，而不能从整体上去认识课堂；另一个是内容过于粗糙，不能为课堂反思提供有效的依据。

若要使得量表发挥其应有的作用，眼光不应仅局限于量表的设计上，还应从课堂观察的整体角度思考：对于一堂课，既要有量化的观察点，也要有质性的认识。为此，在设计量表时，应从以下三点考虑。

（1）量表中的观察点不宜过多

每张量表设计的观察点不宜过多，实践证明，最好每次仅设一个观察点，一次只解决一个问题，便于集中研究，问题指向明确，表 5-2 为观察授课教师启发学生归纳制作步骤的量表。

表 5-2　制作步骤（归纳阶段）情况记录表

记录人：

<table>
<tr><td colspan="2" rowspan="2">教师提问</td><td colspan="2">开始时间</td><td colspan="2"></td><td colspan="2">结束时间</td><td colspan="2"></td></tr>
<tr><td colspan="2">提问内容</td><td colspan="6"></td></tr>
<tr><td rowspan="2">学生</td><td rowspan="2">开始时间</td><td colspan="3">回答时流利程度</td><td colspan="5">回答涉及内容要素</td></tr>
<tr><td>非常流利</td><td>一般</td><td>不流利</td><td>规划</td><td>素材</td><td>制作</td><td>测试</td><td>经验总结</td></tr>
<tr><td>学生 1</td><td></td><td></td><td></td><td></td><td></td><td></td><td></td><td></td><td></td></tr>
<tr><td colspan="2">教师提示内容</td><td colspan="8"></td></tr>
<tr><td>学生 2</td><td></td><td></td><td></td><td></td><td></td><td></td><td></td><td></td><td></td></tr>
<tr><td colspan="2">教师提示内容</td><td colspan="8"></td></tr>
<tr><td>学生 3</td><td></td><td></td><td></td><td></td><td></td><td></td><td></td><td></td><td></td></tr>
<tr><td colspan="2">教师提示内容</td><td colspan="8"></td></tr>
<tr><td>学生 4</td><td></td><td></td><td></td><td></td><td></td><td></td><td></td><td></td><td></td></tr>
<tr><td colspan="2">教师提示内容</td><td colspan="8"></td></tr>
<tr><td>学生 5</td><td></td><td></td><td></td><td></td><td></td><td></td><td></td><td></td><td></td></tr>
<tr><td colspan="2">教师提示内容</td><td colspan="8"></td></tr>
</table>

注：“回答时流利程度”和“回答涉及内容要素”对应的单元格填写“√”即可。

（2）观察点的描述

观察量表中观察点的内容描述应尽量简洁，以便于操作和观察。

（3）量化应与质性相结合

观察量表并不能代替整体课堂的教学情况，也不能解决所有问题，因此，量表应与感性材料相结合，一起使用。也就是说，每位观察者一方面要按照量表观察事先分配的观察对象——学生，还应对课堂整体进行跟踪记录，如表 5–3 所示。这样才能既注意细节，又关注整体。

表 5-3　听课记录

<table>
<tr><td colspan="2">时间：</td><td>地点：</td></tr>
<tr><td colspan="2">年级：</td><td>记录人：</td></tr>
<tr><td colspan="3">授课内容：</td></tr>
<tr><td>时间记录</td><td>随想</td><td>听课内容</td></tr>
<tr><td></td><td></td><td></td></tr>
</table>

问题四：如何收集评价数据？

课程评价是课程建设中重要的一环，但在进行课程评价的过程中，往往会遇到很多问题，诸如应该收集哪些数据？怎样收集数据？如何整理数据？……

一、数据分类

1. 按照数据性质分类

按照数据性质分类，可分为定量数据和定性数据两种。前者是一组表示事物性质、规定事物类别的文字表述型数据。而后者是指具备以数量形式存在着的属性，并由此可对其进行测量，如以量表、问卷、测验或实验仪器等作为研究工具所生成的数据。

2. 按照数据内容分类

按照数据内容分类，主要包括课程方案、课堂教学和学生学业三个方面。

（1）课程方案

课程方案包括：校本课程大纲（课程背景、课程目标、课程内容和课程评价）、教学计划和教材。

拓展阅读

课程方案评价内容

1. 课程目的（20%）

① 体现人文与科学的校本课程开发基本理念。

② 与国家课程和地方课程联系密切。

③ 对于促进学生综合素质提高具有重要价值。

④ 注重培育学生的健康个性。

2. 课程目标（15%）

① 课程目标具体，有明确的价值取向和清晰的行动思路。

② 课程目标系统，注重知识和能力，过程和方法，情感、态度、价值观的和谐发展。

③ 课程目标开放，尊重学生差异，鼓励学生自主选择和确定个人的学习目标。

3. 课程内容（40%）

① 课程主题有创意，适应学生的发展需求。

② 课程内容基于学生生活经验，有利于激发学生参与和体验的热情。

③ 课程内容基于问题，问题有概括性和涵盖力，能激励学生思考。

④ 课程内容具有开放性，有利于学生自主选择学习角度。

⑤ 课程结构紧凑，层次分明，衔接自然，重点突出。

4. 课程评价（25%）

① 评价方式新颖、灵活，激励性强。

② 评价方法具体、实在，可操作性强。

③ 评价过程公平、公开，透明度高。

——摘自《校本课程——开发的实践与思考》张广利，编著 . 2013.4

（2）课堂教学

课堂教学部分是校本课程在教学实施环节所涉及的内容，如教学设计、教学资源、课堂实录、教学反思、学生作品。

拓展阅读

课堂教学评价内容

1. 体现课程理念（20%）

① 注重创新精神和实践能力的培养。

② 以创造为主题，以活动为主线。

③ 注重自主、自由的生命体验。

④ 注重教学方式和学习方式的全面开放。

2. 确立课程目标（10%）

① 教学目标适应学生的心理特点和现实水平。

② 教学目标富有层次感和灵活性，适应不同学生的不同需求。

3. 推进教学过程（30%）

① 简化教学头绪，让学生进行充分的实践活动。

② 教师指导得法，突出主体，面向全体，关注个体。

③ 富有节奏感，善于激起教学高潮。

④ 教学内容贴近时代、贴近生活，教学手段先进，能合理利用现代教育技术。

⑤ 能及时反馈和矫正，确保目标实现。

⑥ 教学评价合理，兼顾三维发展目标。

4. 展现教师素质（10%）

① 教态自然大方，语言规范得体，富有教学机智。

② 熟练使用各种教具和教学媒体。

③ 创造性地组织课程资源和教学内容。

5. 开展学生活动（30%）

① 学习愿望强烈，学习兴趣浓厚，参与度高。

② 能自主选择学习方法，提高学习成效。

③ 能自主选择思维角度，独立分析、探究和解决问题。

④ 能对自己的学习过程和学习结果进行反思，形成有见地的学习感受。

⑤ 能对权威提出质疑，有理有据地表达自己的见解。

⑥ 能综合运用各种交流和沟通的方式进行合作。

——摘自《校本课程——开发的实践与思考》张广利，编著，2013.4

（3）学生学业

学生的学业不仅要从学生的成绩入手，还应关注学生的能力发展，尤其是创新能力和实践能力的发展。由此，学生学业包括：课堂表现（出勤率、活动参与度）、学习方法（是否积极动手参加实践活动？是否主动地进行探索？是否积极主动地进行合作交流）、学习态度、作业完成情况、知识技能掌握与应用情况、学习成果、创新能力和实践能力的发展情况。

二、数据收集与整理

使用不同的收集方法，收集的数据也不相同。在日常教学中，除了日常作业、阶段小测验、期中期末考试、毕业会考等测验法以外，还有诸多数据的收集方法，如学生成长记录袋、观察法、访谈等。

1. 学生成长记录袋

学生成长记录袋也称为“档案袋”“文件夹评价”“另类评价”，它是指用以显示有关学生学习成绩或持续进步信息的一连串表现、作品、评价结果，以及其他相关记录和资料的汇集。

需要注意的是：学生成长记录袋应该有明确的主题。课程标准为每一个学段的学生的学习、教师的教学设立了明确的目标，教师在教学过程中可以根据新颁布的课程标准中的目标以及所用的教材，界定一个清楚且具体的目标，结合学生的学习现状，来确定成长记录袋的主题。

学生成长记录袋是一个展示学生学习和进步状况的平台，它注重学生参与的积极性。学生是评价的主人，最重要的是，它给学生提供了对自己作品进行自我评价和反省的机会。

拓展阅读

课堂教学评价内容

校本课程“记录袋”的内容建议：

课程学习计划、小制作、作品、活动体验、活动的剪影、收获与体会、光碟、录音磁带、特长展示、成果交流等。

——摘自《教育技术培训教材（教训人员·初级）》何克抗主编.

2. 量规法

量规是一种结构化的定性与定量相结合的评价技术，常以二维表格的形式呈现。

量规在信息化教学评价中发挥着重要作用。运用量规时首先要具有结构化思维，从评估对象中提炼出与评价目标相关的多个指标的详细描述，将原本非结构化的主观性评估任务转化为结构化的级差评估，提高评估的准确性。在表现性评估中，利用量规不仅可以为学习者指明学习方向，同时也可以为不同的评估者提供统一的判断标准。量规从与目标相关的多个方面详细规定评级指标，因而操作性好、准确性高。将量规与作业分析等评价方法结合起来使用，可以有效降低评价的主观随意性。应用量规，可以由教师评价学生，也可以由学生自评或互评。如果事先公布量规，对学生学习还会起到导向作用。

3. 问卷调查法

问卷调查法的实现方式可通过发放纸质问卷，也可以通过相关软件或平台，由学生自行填写，后台导出相关数据，如图 5–5 所示为电子化问卷制作、作答及数据分析过程。

图 5–5　电子化问卷制作、作答及数据分析过程

4. 访谈法

访谈，就是研究性交谈，是以口头形式，根据被询问者的答复搜集客观的、不带偏见

的事实材料，以准确地说明样本所要代表的总体的一种方式。尤其是在研究比较复杂的问题时，需要从不同的途径搜集不同类型的材料。

5. 观察法

观察法是在自然条件下，有目的、有计划地观察客观对象，收集、分析事物感性资料的一种方法。

理论导学

观察法的种类

- 描述观察法：包括日记描述法、系列记录法、轶事记录法、持续记录法。
- 取样观察法：包括时间取样观察法、事件取样观察法。
- 等级评定法：包括数字量表法、图示量表法、累计评定法。
- 间接观察法：包括谈话法、对偶故事法、两难故事法、创设情景法。

三、数据管理

数据的管理有多种途径，区别于传统方式，可以搭建校本课程的专用课程管理平台，如图 5-6 所示，以期达到教学由“以教为主”向“以学为主”的转变，实现学生个性化学习，培养学生的创新精神和实践能力。

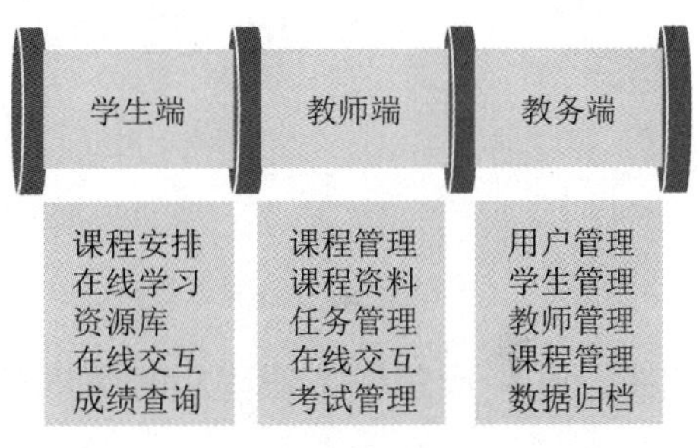

图 5-6　校本课程管理平台示例

平台不仅是教师教学、学生学习的平台，还可以依托这一平台，对学生的学习情况进行数据分析，以此来分析学生的学业水平、学习内容、学习能力、学习方法等，从而为学生提供个性化和精准的辅导，最大限度地培养学生的创新精神和实践能力。

本章内容小结

本章我们学习并掌握了基于课程建设与实施的数据采集方法（知识检查点 5-1），能够根据数据分析正确认识校本课程（能力里程碑 5-1），掌握了基于数据的校本课程评价方法（知识检查点 5-2），能够借助教研场景促进校本课程建设（能力里程碑 5-2）。本章内容的思维导图如图 5-7 所示。

图 5-7　思维导图

自主活动：反思校本课程中数据的价值取向

请学习者在学习完本章内容后，进行自我反思，并记录个人学习心得。

小组活动：讨论校本课程中数据的应用场景

请学习者围绕本章的学习主题进行组内交流，并做好小组学习记录。

自我评价：评价本章知识与能力学习水平

一、名词解释

国家课程、地方课程、校本课程（知识检查点 5-1）

定量数据和定性数据（知识检查点 5-2）

二、简述题

1. 谈一谈你对校本课程的理解，并思考数据分析可以对校本课程的建设与实施起到怎样的作用（能力里程碑5-1）。

2. 基于数据的校本课程评价方法有哪些？请结合你的教学经验，就其中2～3种方法，说一说其教学应用案例（知识检查点5-2）。

3. 校本课程的数据采集方法有哪些？请举2～3个例子，说明其教学应用（知识检查点5-1）。

4. 你认为设计怎样的教研场景，可以有效促进校本课程的建设（能力里程碑5-2）？

三、实践项目

选择当前教材上的某一教学内容，按照先进的教学设计方法和教学评价理念，设计一份“学生成长记录袋”，并说明：①信息（建立目的、收集项目、应用对象、收集时间）；②预期效果；③构成内容（知识检查点5-1、5-2）。

第六章　教研活动中数据缺失的人工干预

本章学习目标

在本章的学习中，要努力达到如下目标：

◆ 能够发现教研工作中数据分析的不足之处（知识检查点 6-1）。

◆ 能够使用人工干预的方法弥补教研数字化中人性化不足的问题(能力里程碑 6-1)。

本章核心问题

教研活动中的人本因素有哪些？如何弥补数字化环境中人性化不足的问题？

本章内容结构

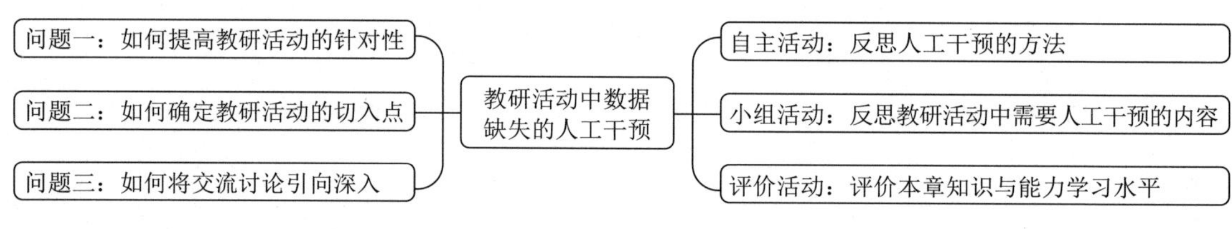

引　言

教研活动的首要目标是解决一线教师的教学实际问题。其次，教研活动可以为教师提供专业发展的平台，通过参与教研活动，可以把活动中有价值的资料收集、整理，进行深入研究，在提升教师专业水平的同时，也提升其教学能力和科研能力。最终，将活动所得运用到课堂教学之中，促进学生的全面发展。

纵观教研现状，或多或少存在一些问题，诸如活动落实不到位，活动收益不大，教师参与度不高等，影响着教研活动的实效。从教研活动的实效性出发，常常会有两个层面的困扰：一是活动定位方面，如怎样提高教研活动的针对性？如何确定教研活动的切入点？另一方面是出于活动效益的考虑，例如，如何将交流讨论引向深入？而这些问题很难用量化的数据进行分析和处理，需要以人本因素为前提，进行恰当的人工干预，以此来弥补数字化环境中人性化不足的问题。

问题一：如何提高教研活动的针对性？

终身学习是教师专业发展的前提，而教研活动为教师专业发展提供了平台，通过参加教研活动，教师基于先进的教学理念、课改精神深入研究教学问题，从而在实践和理论之间架起桥梁。若需达到为教研活动精准服务的目的，需要对教师发展需求做到细致了解，只有充分发掘了教师的“真需求”，才能找到其专业发展的内驱力。

如何提高教研活动的针对性呢？若要了解教师专业发展的“真需求”，需要了解教师专业发展的维度与标准，了解其专业成长的需求，只有这样才能找到提高教研活动针对性的办法。

一、教师专业发展相关标准

教师专业发展是终身学习的过程，只有通过严格的、系统的专业学习，才能由一名非专业人员转变为专业人员，正因为如此，国内外对教师专业发展均制定了相关的标准。

1. 国内关于教师专业发展的相关标准

2012 年，教育部出台了《幼儿园教师专业标准（试行）》《小学教师专业标准（试行）》和《中学教师专业标准（试行）》（教育部文件 教师（2012）1 号），该系列文件的颁布旨在促进中、小、幼教师专业发展，建设高素质的教师队伍。现以《中学教师专业标准（试行）》为例，了解国家层面对教师专业发展的标准，如表 6–1 所示。

《中学教师专业标准（试行）》从“专业理念与师德” “专业知识”和“专业能力”三个维度，共计 14 个领域详尽阐述了教师专业发展的基本要求，可以说是引领教师专业发展的基本准则，同时也是开展教研活动的基本规范。

理论导学

表 6-1 《中学教师专业标准（试行）》基本内容

维度	领域	基本要求
专业理念与师德	（一） 职业理解与认识	1. 贯彻党和国家教育方针政策，遵守教育法律法规。 2. 理解中学教育工作的意义，热爱中学教育事业，具有职业理想和敬业精神。 3. 认同中学教师的专业性和独特性，注重自身专业发展。 4. 具有良好职业道德修养，为人师表。 5. 具有团队合作精神，积极开展协作与交流

续表

维度	领域	基本要求
专业理念与师德	（二） 对学生的态度与行为	6. 关爱中学生，重视中学生身心健康发展，保护中学生生命安全。 7. 尊重中学生独立人格，维护中学生合法权益，平等对待每一个中学生。不讽刺、挖苦、歧视中学生，不体罚或变相体罚中学生。 8. 尊重个体差异，主动了解和满足中学生的不同需要。 9. 信任中学生，积极创造条件，促进中学生的自主发展
	（三） 教育教学的态度与行为	10. 树立育人为本、德育为先的理念，将中学生的知识学习、能力发展与品德养成相结合，重视中学生的全面发展。 11. 尊重教育规律和中学生身心发展规律，为每一个中学生提供适合的教育。 12. 激发中学生的求知欲和好奇心，培养中学生的学习兴趣和爱好，营造自由探索、勇于创新的氛围。 13. 引导中学生自主学习、自强自立，培养良好的思维习惯和适应社会的能力
	（四） 个人修养与行为	14. 富有爱心、责任心、耐心和细心。 15. 乐观向上、热情开朗、有亲和力。 16. 善于自我调节情绪，保持平和心态。 17. 勤于学习，不断进取。 18. 衣着整洁得体，语言规范健康，举止文明礼貌
专业知识	（五） 教育知识	19. 掌握中学教育的基本原理和主要方法。 20. 掌握班集体建设与班级管理的策略与方法。 21. 了解中学生身心发展的一般规律与特点。 22. 了解中学生世界观、人生观、价值观形成的过程及教育方法。 23. 了解中学生思维能力与创新能力发展的过程与特点。 24. 了解中学生群体文化特点与行为方式
	（六） 学科知识	25. 理解所教学科的知识体系、基本思想与方法。 26. 掌握所教学科内容的基本知识、基本原理与技能。 27. 了解所教学科与其他学科的联系。 28. 了解所教学科与社会实践的联系
	（七） 学科教学知识	29. 掌握所教学科的课程标准。 30. 掌握所教学科课程资源开发的主要方法与策略。 31. 了解中学生在学习具体学科内容时的认知特点。 32. 掌握针对具体学科内容进行教学的方法与策略
	（八） 通识性知识	33. 具有相应的自然科学和人文社会科学知识。 34. 了解中国教育基本情况。 35. 具有相应的艺术欣赏与表现知识。 36. 具有适应教育内容、教学手段和方法的现代化的信息技术知识

续表

维度	领域	基本要求
专业能力	（九） 教学设计	37. 科学设计教学目标和教学计划。 38. 合理利用教学资源和方法设计教学过程。 39. 引导和帮助中学生设计个性化的学习计划
	（十） 教学实施	40. 营造良好的学习环境与氛围，激发与保护中学生的学习兴趣。 41. 通过启发式、探究式、讨论式、参与式等多种方式，有效实施教学。 42. 有效调控教学过程。 43. 引发中学生独立思考和主动探究，发展学生的创新能力。 44. 将现代教育技术手段渗透到教学中
	（十一） 班级管理与教育活动	45. 建立良好的师生关系，帮助中学生建立良好的同伴关系。 46. 注重结合学科教学进行育人活动。 47. 根据中学生世界观、人生观、价值观形成的特点，有针对性地组织开展德育活动。 48. 针对中学生青春期生理和心理发展特点，有针对性地组织开展有益身心健康发展的教育活动。 49. 指导学生理想、心理、学业等多方面发展。 50. 有效管理和开展班级活动。 51. 妥善应对突发事件
	（十二） 教育教学评价	52. 利用评价工具，掌握多元评价方法，多视角、全过程评价学生发展。 53. 引导学生进行自我评价。 54. 自我评价教育教学效果，及时调整和改进教育教学工作
	（十三） 沟通与合作	55. 了解中学生，平等地与中学生进行沟通交流。 56. 与同事合作交流，分享经验和资源，共同发展。 57. 与家长进行有效沟通、合作，共同促进中学生发展。 58. 协助中学与社区建立合作互助的良好关系
	（十四） 反思与发展	59. 主动收集、分析相关信息，不断进行反思，改进教育教学工作。 60. 针对教育教学工作中的现实需要与问题，进行探索和研究。 61. 制定专业发展规划，不断提高自身专业素质

拓展阅读

《中学教师专业标准（试行）》实施建议

一、各级教育行政部门要将《专业标准》作为中学教师队伍建设的基本依据。根据中学教育改革发展的需要，充分发挥《专业标准》的引领和导向作用，深化教师教育改革，建立教师教育质量保障体系，不断提高中学教师培训质量。制定中学教师准入标准，严把中学教师入口关；制定中学教师聘任（聘用）、考核、退出等管理制度，保障教师合法权益，形成科学有效的中学教师队伍管理和督导机制。

二、开展中学教师教育的院校要将《专业标准》作为中学教师培养培训的主要依据。重视中学教师职业特点，加强中学教育学科和专业建设。完善中学教师培养培训方案，科学设置教师教育课程，改革教育教学方式；重视中学教师职业道德教育，重视社会实践和教育实习；加强从事中学教师教育的师资队伍建设，建立科学的质量评价制度。

三、中学要将《专业标准》作为教师管理的重要依据。制定中学教师专业发展规划，注重教师职业理想与职业道德教育，增强教师育人的责任感与使命感；开展校本研修，促进教师专业发展；完善教师岗位职责和考核评价制度，健全中学绩效管理机制。中等职业学校参照执行。

四、中学教师要将《专业标准》作为自身专业发展的基本依据。制定自我专业发展规划，爱岗敬业，增强专业发展自觉性；大胆开展教育教学实践，不断创新；积极进行自我评价，主动参加教师培训和自主研修，逐步提升专业发展水平。

2. 国外教师专业发展的标准

以美国《马里兰州教师专业发展标准》为例，了解国外对教师专业发展的标准。《马里兰教师专业发展标准》由“内容标准”和“过程标准”两部分构成，如表 6–2 所示。

表 6-2 《马里兰州教师专业发展标准》主要内容

维度	标准	专业发展基本要求
内容标准	强化教师的知识和优良的教学技能	要能够加深所有教师目前掌握的和为提供有效教学及评估学生进步所需的知识，以及提高有效教学和评估学生进步所需的技能
	以研究为目的的教学策略探究	应确保和培养所有教师具备运用研究来决策的知识、技能和性情。不论个体还是团体教师都要经常与研究者合作，设计研究实验，以验证自己的教学假设并确定某种新的教学方法是否适用
	合作能力	应确保和培养所有的教师具有为促进教学而进行沟通合作的知识、技能和性情。沟通和交流范围的扩大有赖于通信传媒技术的发展
	能够满足不同学生的多样化学习需求	应确保和培养所有的教师具备满足所有学生多样化学习要求（包括不同的学习方式、不同的学习内容等）所需的知识、技能和性情
	能够为学生营造良好的学习环境	应确保和培养所有的教师具有理解和尊重所有学生，并为其营造安全、有序和支持性的学习环境的知识、技能和性情
	家庭参与	应确保和培养所有的教师具有相关的知识、技能和性情，使得家庭和其他社会团体等利益相关者适当地参与孩子的教育

续表

维度	标准	专业发展基本要求
过程标准	数据分析	依赖于对数据的缜密分析。培养教师从不同的来源掌握有关学生的优质数据信息的能力
	评价方式	需要对教师的教学和学生的学习进行不断的严格评价， 此外，还要就教师专业发展对学校文化和组织机构所产生的影响进行评价
	教师的学习规划	教师的专业发展与教师自身的学习经历紧密相连，学习经历包括现有的知识和技能、个人的需求等。 教师的专业发展包括（不仅限于这些内容）：个体的学习，个体的展示、观察、实践、反馈等方面。另外，教师的专业发展需要依靠信息技术提供更多深入而多样的内容

（整理自马涛，马晓娜 . 美国马里兰州教师专业发展标准及其启示 [J]. 中国教师，2007，（1）：57–59.）

3. 标准的启示

虽然国内外的标准在细节上略有差别，但总体而言有着相通之处，它们对教师的专业理念、专业知识和专业能力三方面都提出了要求，为提高教研活动针对性提供了思路，即教研活动应瞄准教师的专业需求而设计，以人本因素为前提，通过“专业引领”发展教师的专业理念、知识和能力，通过同伴互助促进教师在其他教师的帮助中成长，而作为教师个体，通过自我反思实现个体发展。

在设计标准时，既要顾及教师的专业理念和专业知识，也要考虑涵盖教学设计能力、课堂掌控能力、教学反思能力、教学研究能力四个方面的教学能力结构，如图 6–1 所示。

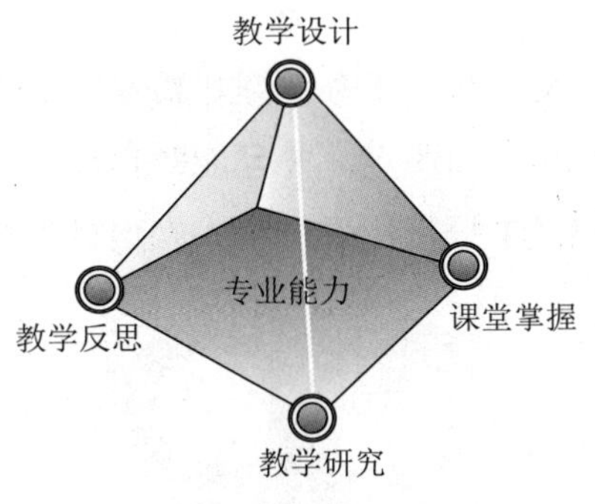

图 6–1　教学能力结构

每一种教学能力所包含的内容如表 6–3 所示。

表 6-3　教师教学能力结构分析

能力内容	能力指向
教学设计能力	教育学、心理学、信息技术相关知识、课件和学习资源的设计与创作
课堂掌控能力	教学组织与引导、语言表达、学习指导、教学反馈
教学反思能力	批判性思维
教学研究能力	教育科研方法

二、教师专业发展需求分析工具——SWOT 分析

理论导学

所谓 SWOT 分析（又称态势分析），就是将与研究对象密切相关的各种主要内部优势、劣势和外部的机会与威胁等，通过调查列举出来，并依照矩阵形式排列，然后用系统分析的思想，把各种因素相互匹配起来加以分析，从中得出一系列相应的结论，而结论通常带有一定的决策性。

运用这种方法，可以对研究对象所处的情景进行全面、系统、准确的研究，从而根据研究结果制订相应的发展战略、计划以及对策等。

S（Strengths）是优势、W（Weaknesses）是劣势，O（Opportunities）是机会、T（Threats）是威胁。

——摘自百度百科

SWOT 分析是一种检查个人技能、能力、喜好和发展机会的工具，如图 6–2 所示。通过它，当事人可以了解自身的优点和弱点，并且能对自己所感兴趣的发展方向和来自外部环境的威胁进行评估。运用 SWOT 分析法进行个人发展规划可分 4 个步骤。

图 6–2　SWOT 分析

第一步，构建 SWOT 分析矩阵，分析自身条件（优势与劣势）和外部环境（机会与威胁）。

第二步，进行 SWOT 策略分析。在本步骤中，根据第一步的分析结果，分别进行基于“优势与机会（SO）”“劣势与机会（WO）”“优势与威胁（ST）”和“劣势与威胁（WT）”四个方面的战略选择。

第三步，个人发展目标。

第四步，制订行动计划。

案例实施：

利用 SWOT 分析法进行您的个人发展规划，将结果填写在表 6-4 所示的表格中。

表 6-4 个人发展规划表

姓名： 填表日期：

自身条件 / 外部环境	S- 优势 （此处列出主要优势）	W- 劣势 （此处列出主要劣势）
O- 机会 （此处列出主要机会）	SO 战略 – 利用机会，发展优势 （此处列出相应对策）	WO 战略 – 利用机会，转化劣势 （此处列出相应对策）
T- 威胁 （此处列出主要威胁）	ST 战略 – 利用优势，降低威胁 （此处列出相应对策）	WT 战略 – 减少劣势，降低威胁 （此处列出相应对策）
3 年内个人发展目标		
三年内行动计划		

问题二：如何确定教研活动的切入点?

教师在教学实践中，会产生各种各样的困惑，也会遇到不少的问题，这些问题是教师教学过程中产生的真问题，可以将这些问题作为教研活动的切入点。由于问题来自教师自身，因此能够突出参与活动的教师的主体地位，使教师能积极投入到教研活动之中。

一、问题解决式教研活动

在教研活动中，大多数情况下，关于专业理论的学习采用的是专家讲授的方式，而此时，教师充当的是“记录员”的身份，容易产生内容枯燥的心理。可是专业理论不可不学，没有了理论的指导，永远只能做个“教书匠”。改变这种状况的方法可以是：将理论知识问题化，以问题为中心，开展专题讨论和研究，并将教育理论的学习围绕所要解决的问题展开。

把问题变成教研活动中整个群体共同关注和思考的问题，并贯穿在教研活动的过程之中，概括总结问题、提炼问题背后的教学规律，才是问题切入的最终目标，这种教研活动属于问题解决式的教研活动。

二、问题的来源

教研活动的问题选择，是决定教研活动成败的关键因素。一方面，问题要来自一线教师最为困惑、急需解决的问题；另一方面，所选的问题切口越小，所有的教师就越容易参与其中，同时，若问题系教学真问题，教师就有探究的欲望，因此，对于问题的来源，主要考虑以下三点。

1. 以教师的困惑为起点

教育活动中问题的选择总是以教师自己的困惑为起点和“切入点”。

2. 以过往经验为基础

教研活动要充分挖掘和利用每一个人的过往经验。观察教师已有的实践经验是什么，已经蕴涵着哪些时下追求的理论和观点，并以这些经验为依托，引导教师进行理论的概括和提高。

诺莱斯（Knowles）曾说过：“对成人来说，他们的经验就是他们自己……任何情况下，当成人的经历被忽视或贬斥，他们认为这不是拒绝他们的经历，而是拒绝他们本人。”因此，在教研活动中，组织者应注意吸收和利用参与者的已有经验，“使学习者自己从已知到未知”。

3. 专业理论问题化

专业理论因其专业性较强，会产生晦涩难懂的现象，但它又是不可或缺的，为此，可以将其化解为一个个的问题，以问题为引领，帮助教师内化理论知识。

三、问题解决式教研活动的组织

常规的教研活动形式一般有公开课观摩、专题讲座、交流讨论等，如何以“问题解决”

为引领，确定教研活动的切入点呢？现以公开课为例，介绍问题解决式教研活动的设计。

一般情况下，公开课的模式是：听课 + 评课，当评课环节开始后，先由授课教师介绍自己的教学思路，然后进行专家评议，最后由一线教师发言，但往往到了此刻，会出现尴尬的冷场。这种情况下，教师是被动的，缺乏深度的思考。为了避免这种现象的发生，需要提升教师的参与度，以问题为引领，挖掘一线教师的“真问题”，组织公开课时，将这一“真问题”作为活动主线，贯彻活动始终，教师经历了“问题呈现”“问题解决”和“问题梳理”的活动过程，他们带着思考，参与并深入活动之中，聚焦某一个教学实践问题，找寻解决策略，最终通过集体的智慧得出问题解决方案，这种活动形式即为“问题引领式公开课”，它将单次的活动扩展为系列活动，其组织流程如图 6–3 所示。

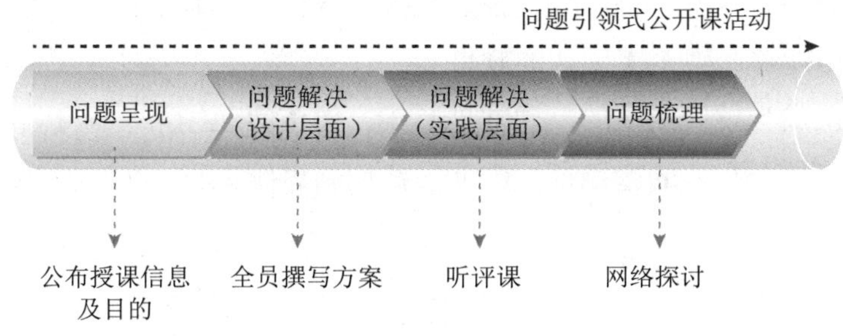

图 6–3 问题引领式公开课活动流程

环节 1：问题呈现——公布授课信息及目的

本环节需要呈现的内容有两个方面：一是公布即将开始的授课信息（主讲教师、授课内容、教学对象）；二是本次活动期望解决的焦点问题，如利用微课突破教学重点。

环节 2：问题解决（设计层面）——全员撰写方案

本环节中，所有教师将根据接收到的授课信息和焦点问题，以个人为单位，撰写教学设计。

环节 3：问题解决（实践层面）——听评课

所有教师带着自己的教学设计和自己对焦点问题的解决思路，来到观摩课的活动现场，听课以及课后议课。

环节 4：问题梳理——网络探讨

开设网上论坛，所有教师结合自我设计和观课感受，围绕焦点问题深入探讨。

“问题引领式公开课”确保了公开课主题鲜明、有针对性，使参与其中的教师能够带着问题观摩、带着问题思考，对自身的教学实践能力有着潜移默化的提高。

案例实施

设计一次问题解决式教研活动。内容至少包括：①活动主题；②活动需解决的问题；③活动流程。

问题三：如何将交流讨论引向深入？

萧伯纳说："你有一个苹果，我有一个苹果，彼此交换一下，我们仍然各有一个苹果；但你有一种思想，我有一种思想，彼此交换，我们就都有了两种思想，甚至更多。"可见，思想的碰撞能够产生 1+1 ＞ 2 的效果。

因此交流讨论成为教研活动的一种常见形式，但该活动经常会流于形式。如何将交流探讨引向深入呢？一个有效的途径是：借助一些创新思维工具，如"头脑风暴法""六顶思考帽""思维导图"等。

一、头脑风暴法

1. 什么是头脑风暴法

头脑风暴法的过程可以概括为：参与活动的教师围绕一个议题，随时提出自己的想法，在思想和观点不断交锋的过程中共同研讨，澄清观点和认识，寻求解决问题的方法。

2. 头脑风暴法在教研活动中的运用

进行头脑风暴讨论时，每个人都将自己的感受和困惑拿出来，在相互追问中不断碰撞出思想火花，共同寻找有价值的解决方案，也使得教师自身的专业得以良性发展。

二、六顶思考帽

1. 什么是六顶思考帽

六顶思考帽是英国学者爱德华 • 德 • 博诺（Edward de Bono）博士开发的一个全面思考问题的模型。六顶思考帽的颜色各不相同，分别为白、黄、黑、绿、红、蓝，每顶思考帽的颜色分别代表不同的功能。

白帽子：代表客观。值得注意的是：在使用白帽子进行思考的时候，戴帽子的人的态度必须是中立的。

黄帽子：代表乐观、正面、逻辑、建设性、启发性的思考方式。

黑帽子：代表理性、逻辑、论证、批判的思考方式。黑色思考帽运用了负面的分析，帮助人们控制风险。

绿帽子：代表新观念、多样化与创造力的思考方式。

红帽子：代表抒发情感、感觉、预感和直觉等非理性的思考态度。

蓝帽子：代表冷静的思考。它指挥其他帽子，管理整个思考进程。

这六顶思考帽提供了“平行思维”的方式，运用“六顶思考帽”方法进行讨论，可以从问题的不同方面展开交流，从而避免将时间浪费在互相争执上。

2. 六顶思考帽的使用方法

- 同一时间只用一顶帽子思考。
- 每种帽子都有限定的时间：某一时间，大家都戴上黄色思考帽进行思考，而另一时间，大家都戴上黑色思考帽进行思考。
- 六顶帽子不是对思考者的分类。
- 每个思考者都应该会用所有的帽子。
- 在使用六顶帽子的时候，不要提到它们的功能。

3. 六顶思考帽在教研活动中的运用

六顶思考帽的“平行思维”对教研活动中的小组讨论有着很好的支撑作用。在利用其组织教研活动时，可参考如图 6–4 所示的流程。

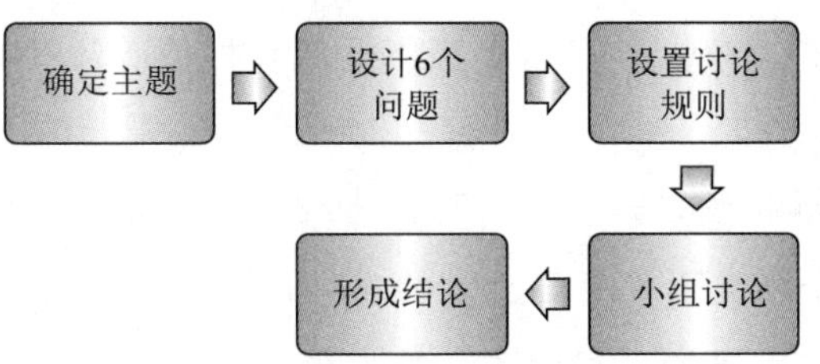

图 6–4　运用六顶思考帽方法组织教研

三、思维导图

将思维导图引入讨论，可以帮助发散思维、整理观点。

1. 思维导图及其特点

因思维导图有着和人类大脑相似的放射状结构，而被誉为“大脑的瑞士军刀”，它是英国著名心理学家东尼·巴赞博士发明的一种思维工具。它通过线条、色彩、图画、代码等视觉符号或空间符号展现人类的思维，体现的是思维的发散性，是一个联想的过程。有助于在讨论中汇集大家的观点。

2. 思维导图在教研活动中的运用

思维导图因其发散性的特点，对教研活动的有效组织有着诸多的帮助，如它可以作为教师小组讨论时的工具，大家随时发表各自的观点，随时记录下来，然后再一同整理、归类，最后做进一步的思路挖掘和抽取，直至产生新的观点。

拓展阅读

如何利用思维导图整理读书笔记

第 1 步　阅读书籍

如果是理论性书籍，很多情况下前后章节连续性不是很强，可以读完一章之后进行一次整理，如果是整体性较强的书籍，并且在短时间内可以阅读完成，可以在读完全书后制作思维导图。

第 2 步　构建框架

可以直接将书籍的目录录入到思维导图中，也可以选择比较重要的部分录入。主要目的是将书籍中最重要的框架清晰地反映在思维导图中。

第 3 步　录入关键点

将书中主要观点录入到第 2 步所建立的框架分支的相应位置。如果不易归类，可以在思维导图中单独新建一个名为“杂项”的分支，将之安排在该分支中。

第 4 步　论证引入

将内容和论证放入相应分支中，完成整体框架的构建，就可以进行细化了。

第 5 步　细化语言

细化每个分支的逻辑和语言。

框架已经有了，每个分支下也有了一定的内容，但是每个独立分支下的逻辑并不清楚，需要将书中原话转变成自己理解后的话语，尽力简化。同时，将这些句子的逻辑关系厘清，用分支的形式体现出来，这时就有了一个层次、逻辑都较为清楚的思维导图了。

——摘自百度百科

案例实施

以本章提供的思维工具（头脑风暴法、六项思考帽、思维导图）为手段，设计一次交流讨论活动。内容至少包括：①活动主题；②活动需解决的问题；③活动流程。

本章内容小结

本章我们学习了如何发现教研工作中数据分析的不足（知识检查点 6-1），如何使用人工干预的方法弥补教研数字化中人性化不足的问题（能力里程碑 6-1）。本章内容的思维导图如图 6-5 所示。

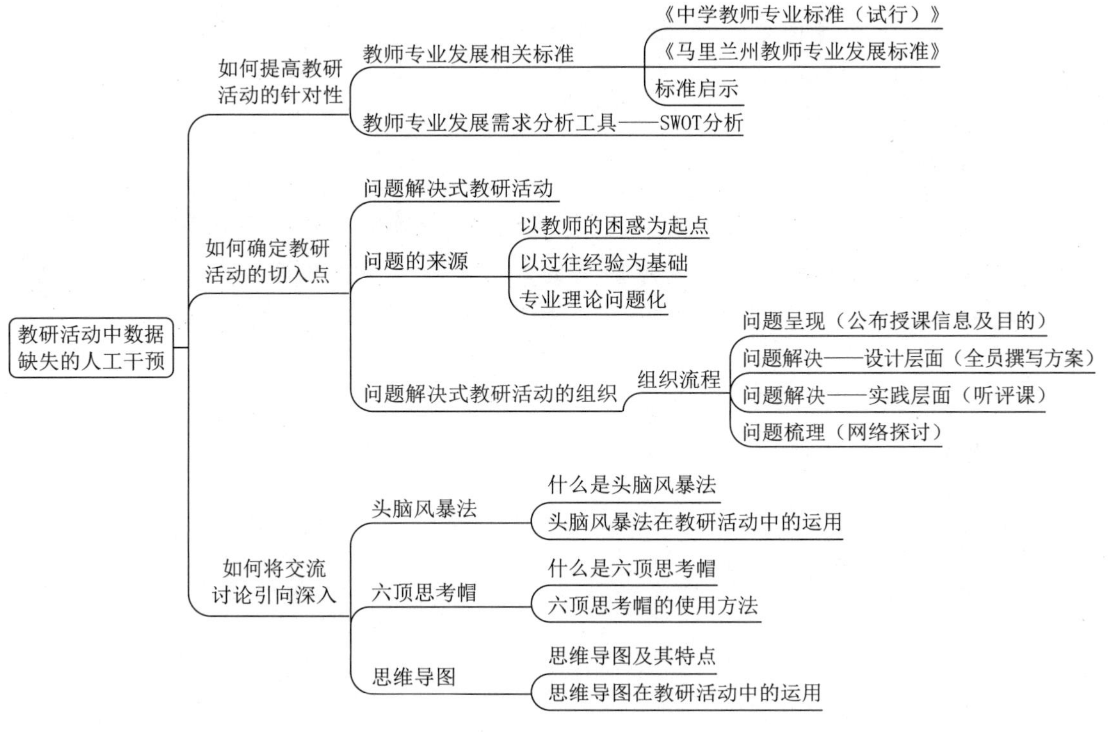

图 6-5 思维导图

自主活动：反思人工干预的方法

请学习者在学习完本章内容后，进行自我反思，并记录个人学习心得。

小组活动：反思教研活动中需要人工干预的内容

请学习者围绕本章的学习主题进行组内交流，并做好小组学习记录。

评价活动：评价本章知识与能力学习水平

一、名词解释

SWOT 分析（能力里程碑 6-1）

二、简述题

1. 请结合你的学科谈一谈教师的专业理念、专业知识和专业能力三方面的内容中，哪些是需要人工干预的（知识检查点 6-1）？

2. 除了本章所述的“问题解决式教研活动”形式，你还能提供怎样的教研活动形式（能力里程碑 6-1）？

3. 你认为，思维导图对教研活动的哪些环节起到帮助作用？请对其中的 2 ~ 3 个环节详细说明（能力里程碑 6-1）。

三、实践项目

选择当前所教教材上的某一教学内容，设计一个教研活动场景，内容至少包括：①活动主题；②活动流程；③活动中运用的人工干预方法（知识检查点 6-1，能力里程碑 6-1）。

第七章 移动互联中的数字化教研场景重构

本章学习目标

在本章的学习中，要努力达到如下目标：

◆ 掌握教研工作与教师发展的对应关系（知识检查点 7-1）。

◆ 掌握数字化教研环境的特点（知识检查点 7-2）。

◆ 能够根据数字化环境构建新的教研场景（能力里程碑 7-1）。

本章核心问题

数字化环境对教研工作有何意义？数字化教研场景如何重构？

本章内容结构

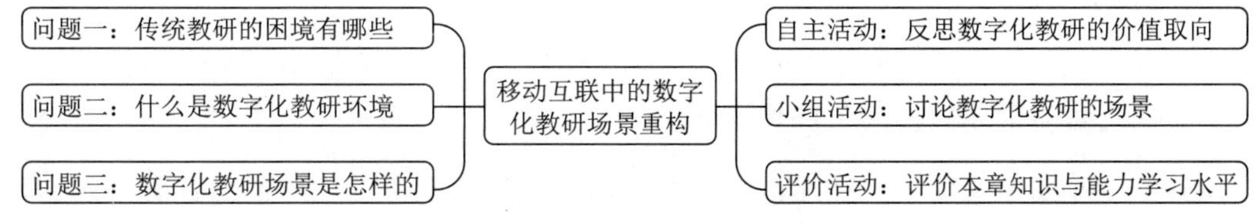

引　言

教研工作具有教学研究、指导和服务等作用，它的目的是为教师专业发展搭建平台，提供环境。在当前形势下，一方面课程改革逐渐深入推进，另一方面信息技术发展迅猛，教研环境随之悄然发生着转变，多媒体、网络技术、数据科学等技术融入到教研场景之中，带来了个性化、智慧化和数据化的教研场景，这些变化提升了教研的有效性，促进了教师专业发展。

问题一：传统教研的困境有哪些？

传统教研工作在推动课程改革、指导教学方式和落实课程评价等方面起到了积极作用，但随着教改的逐渐深化以及科学技术的发展，传统教研暴露出些许困境，如图 7-1 所示，这些困境都体现在哪些方面呢？

图 7-1　传统教研的困境

一、缺乏广度和深度的沟通

教师专业发展是教师成长的必经之路，也是教研工作的核心。教研员和教师之间一对一的沟通非常有必要，但在传统教研工作中，由于技术条件的限制，沟通的广度和深度两方面都有所缺失。“广度”是针对所能进行沟通教师的覆盖面而言，“深度”是针对每位教师的全面发展而言。

二、缺乏面向全体教师的个性化诊断

在教师专业发展过程中，适时进行诊断，可以为其指明专业发展的目标和方向，帮助教师形成独具个人特色的教学风格。但每位教师都是个体，他们在专业态度、专业知识和专业技能等专业发展方面存在着一定的差异性。

目前的诊断在兼顾全体的同时，缺少对每位教师在教学基本功、对课程的理解、对学生个体情况的关注、教学评价与学习评价等方面的个体差异性的考量。因此，需要在充分尊重教师差异性的同时，尊重他们发展的独特性。

拓展阅读

教师发展的五阶段理论

美国的柏利纳（Berliner）根据教师教学专业知识技能的学习和掌握情况，提出了教师发展的五阶段理论。这五个阶段各自的特征及其大致进入时间如表 7-1 所示。

表 7-1 教师发展五阶段理论

阶段	特征	进入时间
新手	处理问题缺乏灵活性，刻板地依赖规定	新入职教师
熟练新手	开始逐步掌握教学过程的内在联系，在教学方法和策略方面的知识与经验有所提高，处理问题具有一定的灵活性，但还不能很好地区分教学情境中的重要信息和无关信息	2 ~ 3 年
胜任	能有意识地选择教学内容、重点、方法并拟定相应计划；能够有效地调控整个教学过程，把握教学的重点、难点和疑点；教学目的相对明确，但是教学行为还不够流畅	3 ~ 4 年
业务精干	对教学情境有敏锐的直觉感受力，教师技能达到认知自动化水平，教学行为达到流畅、灵活的程度	5 ~ 6 年
专家	观察教学情境、处理问题时具有非理性倾向，教学技能完全自动化，教学方法多样化	至少 10 年

其中，“胜任阶段”是教师发展的基本目标，而“专家阶段”是教师发展的最终阶段。

三、缺乏面向全体教师的个性化指导

教研员的基本职能之一就是进行教学指导，磨炼教师的教学基本功，引导他们正确理解课程，评价学生学习效果和教师教学过程……

这些指导工作，除了要顾及全体教师以外，还应对教师进行个性化的指导，这样才能对教师的专业发展有针对性和实效性。但传统教研中，若要达到面向全体教师的个性化指导，具有一定的难度。

四、缺乏对教研员个人认知程度的评估

教研员作为专业教学研究人员，需要具有能够不断更新、发展和丰富的专业素养，但目前我国对教研员的专业素养构成尚无公认的专门标准和要求。

拓展阅读

教研员必备的十大素养

标准维度	标准要素和主要内容
专业精神	1. 专业意识 牢固树立服务意识，为学生、教师和学校的发展服务。 理解岗位内涵职责，以提升区域教育教学质量为己任。 合理规划职业发展，提升教研能力，顺应教育改革需要。 2. 专业情怀 热爱学生，热爱教育，不断提高服务品质，提升教育境界。 遵循规律，尊重差异，分类、分科、分层，持续开展教师研修。
专业知识	1. 学科专业知识 学科专业知识精深，把握学科本质和学科思想与方法。 能指导教师落实课标，能够示范教学的新理念和新设想。 2. 学科教研知识 根据内容和学生实际，指导教师创设情境，促进学生学习。 3. 教师教育知识 明确教师和组织需求，构建区域特色学科教师教育课程。 能规划组织区级研修，针对性指导联片教研和校本研修。 4. 课程知识 理解学科的育人价值，能够把握教材编写意图。
专业能力	1. 课程建设与资源开发能力 能参与制订区域课程方案，指导学科校本课程开发和实施。 能根据学科课堂教学需求，带团队建设区域课程教学资源。 2. 教学研究与指导改进能力 能用多种形式调研教学现状，科学诊断课堂教学并精确指导。 解读学科课程标准和教材，通过讲座和案例指导教师教学。 能聚焦学科教学关键问题，带领团队研究并在实践中改进。 3. 质量评价与分析反馈能力 制定学科学业评价的方案，研制学科评价工具并实施评价。 基于大数据的分析和反馈，给学校和教师提出改进的建议。 4. 教育教学科研能力 能洞察学科教学存在的问题，以课题和项目为载体研究解决办法。 能组织课程改革实验研究，善于发现并总结推广优秀成果。

——摘自《教研员十大素养促教研升级》罗滨，人民教育，2016 年第 20 期

案例实施

请你根据本学科教研活动的实际情况，设计一份调查问卷。问卷内容涵盖本学科教研活动现状、困境和发展目标。

问题二：什么是数字化教研环境？

随着课程改革的深入推进和信息技术的发展，传统教研方式逐步向数字化方式转变，

那么，什么是数字化教研环境呢？与传统教研相比，数字化教研环境的优势是什么？

一、数字化教研环境

数字化教研环境是指利用多媒体、互联网技术，将教研场景中的主要信息资源进行数字化，并实现数字化的信息管理方式和沟通传播方式，从而形成高度信息化的教师专业发展的环境。

理论导学

数字化就是将许多复杂多变的信息转变为可以度量的数字、数据，再以这些数字、数据建立起适当的数字化模型，把它们转变为一系列二进制代码，引入计算机内部，进行统一处理，这就是数字化的基本过程。

——摘自百度百科

二、移动互联中的数字化教研环境

2019 年 8 月 30 日，中国互联网络信息中心（CNNIC）发布了第 44 次《中国互联网络发展状况统计报告》，其中显示了一组重要数据：我国网民规模达 8.54 亿，较 2018 年底增长 2598 万，互联网普及率达 61.2%，较 2018 年底提升 1.6 个百分点；我国手机网民规模达 8.47 亿，较 2018 年底增长 2984 万，网民使用手机上网的比例达 99.1%，较 2018 年底提升 0.5 个百分点。2019 年 1 月至 6 月，移动互联网接入流量消费达 553.9 亿 GB，同比增长 107.3%（如图 7–2 所示）。由此可以看出，越来越多的人更加青睐于移动互联网（微信、QQ、微博、手机上网、手机软件等），也使得移动互联网成为互联网行业的一大热点。

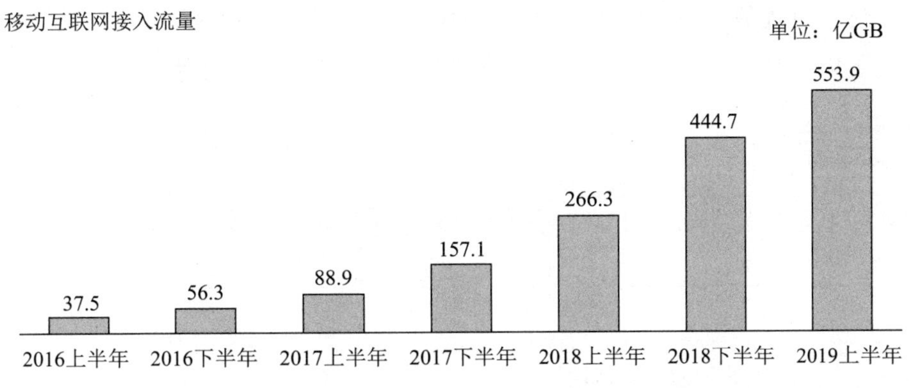

图 7–2　移动互联网接入流量

移动互联网将互联网和移动通信二者结合起来，前者具有开放、共享、互动和创新的特征，而后者具有随时、随地和随身的特征，将二者融合，就形成了便捷、智能感知和个性化的基本特征。

基于移动互联的数字化教研环境，是指通过基于无线通信的无线设备（包括笔记本电脑、平板电脑、智能手机等），采用移动技术、云计算、数据挖掘技术等，进行教研活动的内容呈现、环境管理、资源获取、及时互动等，打造一个有效促进教师专业化发展的网络教研空间，进而实现从基于经验向基于实证转变的教研模式。

三、数字化教研环境的基本组成

数字化教研环境包括以下 5 个基本组成部分。

1. 设施：如计算机、移动设备、校园网络、因特网等。

2. 资源：为教师提供教材内容知识、学科教学法知识、课程知识、一般教学法知识、通识知识、教育科研方法等方面的阅读材料，材料经过数字化处理，且呈现形式多样。

3. 平台：涉及课程开发、教学研究、课题研究、网络研修等。

4. 通讯：远程协商讨论的保障。

5. 工具：进行知识构建、专业发展诊断、交流互动的工具。

四、数字化教研环境的优势

数字化教研环境是一种混合型的教研环境，它融合了线上线下的活动形式，体现了全员性、个性化和补充性的优势，具体而言有以下优势。

1. 全员性：在数字化教研环境中，全体教师均可参与其中。

2. 个性化：首先是对教师进行个性化的诊断，以此为基础，进行精准指导，通过个性化的指导方式，指导教师发挥特长、弥补缺陷。

3. 补充性：本优势是针对教研员而言，教研员自身的专业素养构架并不完善，而数字化教研环境可以弥补其中的短板，对教研员的专业素养起到补充作用。

案例实施

请你规划本学科数字化教研环境的组成单元，并简要阐述设计思路。

问题三：数字化教研场景是怎样的？

运用数字化教研环境所搭设的教研场景是怎样的？它具有哪些特征？

一、数字化教研场景的特征

数字化教研场景最为核心的特征是关注教师的成长，它呈现了如下一些具体特征。

1. 随时随地地参与。
2. 在线学习（线上学习和定向反馈的学习）。
3. 个性化的参与（针对教师个体的参与和反馈）。
4. 具有智慧性质的个性化反馈（基于大数据的反馈）。
5. 具有大数据性质的个体分析。
6. 具有互联网思维的众筹参与。

二、群体分析数据库

在数字化教研场景中，以大数据为基础，采集教师专业态度、专业知识和专业技能等多个层面的专业发展数据，并建立大数据系统，从而形成教师单一特征的群体分析数据库。表 7–2 所示为部分教研环节中需要提交的数据，以及数据反馈的信息。

表 7-2 部分教研环节的数据呈现

教研环节	提交内容	反馈内容
课堂教学指导、说课指导	• 课堂实录 • 说课实录 • 教学设计	• 教师教学基本功 • 教学设计能力 • 课堂把握能力 • 课程方向理解能力 • 教材理解能力
论文指导、科研课题指导	• 论文 • 课题研究文本 • 相关支撑材料	• 课题理解能力 • 个人观点 • 研究实验方法和过程 • 教师科研能力
试题分析指导	• 线上测试试题理解 • 教师自主命题	• 学科知识点的理解力 • 试题体现的学科素养的理解力
校本课程指导	• 校本课程方案 • 校本教材	• 课程设计能力 • 课程实施能力 • 课程评价能力 • 学科素养理解力 • 核心素养理解力

三、数字化教研场景重构

场景 1：教师个性化诊断

教师个性化诊断分为如下几个步骤。

第一步，全面性诊断。从群体分析数据库中提取数据，绘制教师全面发展的雷达图，对教师的薄弱点或优势点进行群体层面的分析。

第二步，教师薄弱点的促进。提供针对教师薄弱点的数据依据及分析，主要包括：

1. 具体问题剖析；
2. 问题指向的资源和研修空间；
3. 问题指向的测评。

第三步，数据更新。问题数据的再次采集，并更新群体分析数据库。

第四步，返回到第一步。

场景 2：教师关注点的提升

教师的关注点决定了其成长点，因此，有必要提升教师的关注点。在数字化教研场景中，可以通过如下步骤提升每位教师的关注点。

第一步，捕捉教师的关注点。

第二步，分析关注点的相关资源和研修空间。

第三步，关注点的提升测评。

第四步，再次采集关注点提升后的数据。

第五步，基于大数据的再次分析。

第六步，关注点提升后的反馈。

场景 3：众筹式案例提交与教研点评

“众筹”是发挥“人”的作用，这里主要指的是教研员的来源，教研员是“众筹”而来的，他可以是跨区域教研员，可以是特级教师，也可以是学科带头人等，数据采集来源是基于系统资源的在线测评。具体步骤如下。

第一步，教师个体提交案例，如教学设计、课堂实录、论文、研究报告等。

第二步，对教师提交的案例进行数据采集。

第三步，教研员进行人工点评，确定数据采集点。

场景 4：一对一的个性化指导

表 7–3 是一对一个性化指导的示例，它反映的是一名青年教师和教研员之间进行网络指导的过程。

不难发现，教研员对青年教师的指导是点对点的指导，针对青年教师进行个性化的诊断、指导和服务，并且涉及教学、课题、课程等诸多方面，为青年教师挖掘自身的优势、认清努力方向，提出了明确的建议，因此是有针对性的、全面的指导。

表 7-3　一对一个性化指导示例

指导行为	指导形式
听我的课	看课堂实录
给我评课	课堂实录点评
给我分析课程和教材	线上课程
考察我对课程和教材的理解	线上测试
指导我的薄弱点	推送薄弱点相关资源
指导我的论文	看论文文本并点评
指导我的研究实验	看课题研究报告并点评
发现我关注的兴趣点	分析所看资源的种类
指导我的兴趣点提升	推送兴趣点资源并测评

案例实施

请你设计一个数字化教研场景，内容至少包括：①场景标题；②活动目的；③活动流程。

本章内容小结

本章我们掌握了教研工作与教师发展的对应关系（知识检查点 7-1），掌握了数字化教研环境的特点（知识检查点 7-2），并能够根据数字化环境构建新的教研场景（能力里程碑 7-1）。本章内容的思维导图，如图 7-3 所示。

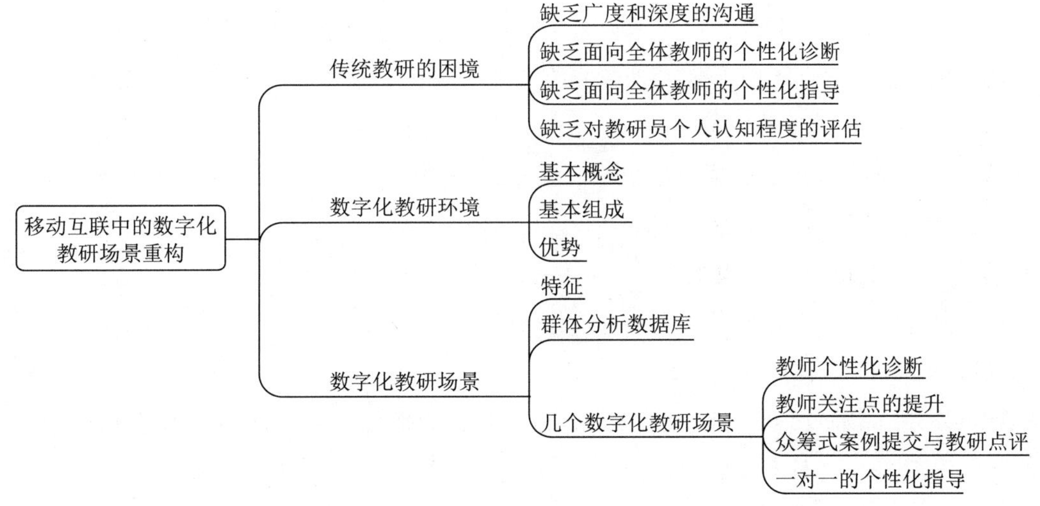

图 7-3　思维导图

自主活动：反思数字化教研的价值取向

请学习者在学习完本章内容后，进行自我反思，并记录个人学习心得。

小组活动：讨论数字化教研的场景

请学习者围绕本章的学习主题进行组内交流，并做好小组学习记录。

自我评价：评价本章知识与能力学习水平

一、名词解释

数字化教研环境（知识检查点 7-2）

移动互联网（知识检查点 7-2）

二、简述题

1. 数字化教研环境的特点有哪些（知识检查点 7-2）？

2. 请你结合实践，谈一谈传统教研的困境？并对数字化教研场景做出畅想（知识检查点 7-1、7-2）。

3. 数字化教研场景的特征有哪些（能力里程碑 7-1）？

4. 你认为设计怎样的数字化教研场景可以有效促进教师专业发展（能力里程碑 7-1）？

三、实践项目

选择当前所教教材上的某一教学内容，设计一个数字化教研场景，并说明：①场景要解决的问题；②场景的特征描述；③场景的实现步骤（知识检查点 7-1、7-2）。

参 考 资 料

[1] 吴琼 . 高中数学教师专业知识与教学能力关系的研究 [D]. 长春，东北师范大学，2013.

[2] 辛涛，申继亮，林崇德 . 从教师的知识结构看师范教育改革 [J]. 高等师范教育研究，1999(6).

[3] 郑志辉 . 教师专业发展阶段的 PCK 考察与教师 PCK 发展 [J]. 华南师范大学学报（社会科学版），2019(3).

[4] 郑先俐 . 教师课程知识的类型分析 [J]. 西昌学院学报（社会科学版），2008(6).

[5] 刘艳超 . 基于概念图的初中物理教师课程知识评价研究 [D]. 东北师范大学，2017.

[6] 单文经 . 教学专业知能的性质初探 [M]. 台北 : 师大书苑，1990.

[7] 王迎新 . 全日制化学教育硕士学科教学知识现状及来源调查研究 [D]. 重庆师范大学，2016.

[8] 熊嘉强 . 基于本体的学科体系知识图谱构建研究 [J]. 电脑知识与技术，2019(3).

[9] 乔阔，肖世杰 . 学科知识图谱在构建中学英语课程图谱中的运用 [J]. 现代交际，2017(18).

[10] 赵凯，基于过程控制的中小学教学质量测评系统研究 [D]. 东北师范大学，2011.

[11] 李美茹 . 基于课程标准的初中生科学素养测量工具的设计 [D]. 辽宁师范大学，2012.

[12] 李艳燕等 . 面向智慧教育的学科知识图谱构建与创新应用 [J]. 电化教育研究，2019(8).

[13] 李玉峰，刘岚 . 新疆初中物理骨干教师学科教学知识现状调查 [J]. 新疆师范大学学报（自然科学版），2013(3).

[14] 陈俊强，连阳梅，冯涛 . 大数据背景下科学课教师的教学行为评析—以两节小学科学同课异构课为例 [J]. 现代教育技术，2016(5).

[15] 丁嫚莉，权辉．音乐教师专业知识现状及对策研究 [J]. 东北师大学报（哲学社会科学版），2014(1).

[16] 徐鹏．整合技术的学科教学知识（TPACK）测量方法国外研究现状及启示 [J]. 全球教育展望，2013(9).

[17] 吴芳，吴才鑫．核心素养到学科核心素养的协调与转化 [J]. 教育理论与实践，2019(17).

[18] 袁建林．核心素养测量：理论依据与实践指向 [J]. 教育研究，2017(7).

[19] 许斌，苏伟杰，刘洋．基础教育知识图谱赋能智慧教育 [J]. 人工智能，2019(6).

[20] 陆莉玲．指向教学行为改进的课程分析 [J]. 江苏教育研究，2018(5A).

[21] 吴支奎．基于核心素养培育的教学改进应注意的几个问题 [J]. 教育视界，2017(12).

[22] 何孟珂，和学新．基于学生核心素养发展的教学改进策略探讨 [J]. 教育导刊，2016(6).

[23] 李颖，基于核心素养的教学改进 [J]. 教育导刊，2019(6).

[24] 李新，一线教师如何选择合适的研究方法进行教育科研 [J]. 新教师，2018(7).

[25] 冯航贞．小学教师教育科研能力的研究 [D]. 辽宁师范大学，2016.

[26] 阳泽，韩睿婷，林晓婷．教育实证研究中数据采集的基本规范、现实困境及其改进 [J]. 教育测量与评价，2019(8).

[27] 闫建璋，我国师范大学教育学院教师科研现状——基于 20 所师范大学教育学院调查数据的思考 [J]. 教育研究，2014(7).

[28] 吕宪军，王延玲．中小学教师教育科研需要关注的几个问题 [J]. 大连教育学院学报，2018(3).

[29] 刘健智，贾丽芳．教师教育科研素质结构的探讨 [J]. 湖南中学物理，2018(3).

[30] 张立杰，武鹏飞．大数据背景下基于科研业绩的教师科研能力评价研究 [J]. 科技风，2019(3).

[31] 熊善军．大数据可以为教师改进教学提供什么 [J]. 基础教育课程改革，2019(6).

[32] 薛亚茹．基于学生学习视角的大学教师课堂教学行为研究 [D]. 河南大学，2017.

[33] 廖泳仪．基于可视化学习的小学语文阅读教学模式应用研究 [J]. 教育信息技术，2018(1，2).

[34] 杨好勤．中小学教师教育科研；制约瓶颈与应对策略 [J]. 开封教育学院学报，2018(6).

[35] 王丽娟，顾建锋．基于实证分析改进教学行为 [J]. 中国数学教育，2018(7–8).

[36] 施常明等．学校教育科研评估初探 [J]. 教育评论，1994(2).

[37] 朱慕菊 . 走进新课程——与课程实施者对话 [M]. 北京 : 北京师范大学出版社，2002.

[38] 教育部 . 基础教育课程改革纲要（试行）. 2001(7).

[39] 何克抗，教育技术培训教材（教训人员 · 初级）[M]. 北京 : 高等教育出版社，2005.

[40] 张广利 . 校本课程——开发的实践与思考 [M]. 福建 : 福建教育出版社，2013.

[41] 邹南智 . 校本课程开发与管理 [M]. 天津 : 天津出版传媒集团，2015.

[42] 孙赤婴 . 全面课程，校本特色 [M]. 上海 : 上海三联书店，2017.

[43] 余文森 . 自我反思，同伴互助，专业引领（一）——以校为本的教学研究的三个基本要素 [J]. 黑龙江教育，2003(28).

[44] Minor, J. & Preston, K. M. (1991). Peer coaching at the junior college level:Developing an non — threaten environment.

[45] 滑梦荻 . 基于百会维基的网络集体备课方案研究 [J]. 软件导刊 · 教育技术，2019(5).

[46] 李平 . 新课程背景下教研员专业发展指南 [M]. 北京 : 教育科学出版社，2014.

[47] 赵才欣 . 有效教研 [M]. 上海 : 上海教育出版社，2008.

[48] 陈大伟 . 有效研修 [M]. 辽宁 : 辽宁师范大学出版社，2006.

[49] 雷树福 . 教研活动概论 [M]. 北京 : 北京大学出版社，2009.

[50] 熊川武 . 反思性教学 [M]. 上海 : 华东师范大学出版社，1999.

[51] 马涛，马晓娜 . 美国马里兰州教师专业发展标准及其启示 [J]. 中国教师，2007(1).

[52] 戴光宏 . 移动互联时代教研活动与教学服务的优化 [J]. 教育与装备研究，2018(7).

[53] 刘月霞 . 中国教研的新形势与新任务 [J]. 中国教师，2014(1).

[54] 赵姝淳，孙曙辉 . 移动互联网技术在教育领域的应用 [J]. 教育信息 . 2014(3).

反侵权盗版声明

举报电话：（010）88254396；（010）88258888

传　真：（010）88254397

E-mail：　dbqq@phei.com.cn

通信地址：北京市万寿路173信箱

电子工业出版社总编办公室

邮　编：100036